Leituras Críticas Importam
Alvaro de Azevedo Gonzaga (Coord.)

ALVARO **DE AZEVEDO GONZAGA**
KAIOWÁ

Decolonialismo Indígena

3ª edição

Leituras Críticas Importam
Alvaro de Azevedo Gonzaga (Coord.)

ALVARO **DE AZEVEDO GONZAGA**
KAIOWÁ

Decolonialismo Indígena

3ª edição

MATRIOSKA

©2023, Alvaro de Azevedo Gonzaga Kaiowá

Todos os direitos reservados e protegidos pela Lei nº 9.610/1998. Nenhuma parte deste livro, sem autorização prévia, poderá ser reproduzida ou transmitida sejam quais forem os meios empregados: eletrônicos, mecânicos, fotográficos, gravação ou quaisquer outros.

Publisher – Editorial: Luciana Félix
Publisher – Comercial: Patrícia Melo
Copidesque e preparação de texto: Renato de Mello Medeiros Filho
Revisão: Equipe Matrioska Editora
Projeto gráfico e editoração: Marcelo Correia da Silva
Ilustrações e Capa: Rafaela Fiorini e Lídia Ganhito

Matrioska Editora
Atendimento e venda direta ao leitor:
www.matrioskaeditora.com.br
contato@matrioskaeditora.com.br
facebook.com/matrioskaeditora
instagram.com/matrioskaeditora

```
Dados Internacionais de Catalogação na Publicação (CIP)
          (Câmara Brasileira do Livro, SP, Brasil)

Kaiowá, Alvaro de Azevedo Gonzaga
    Decolonialismo indígena / Alvaro de Azevedo
Gonzaga Kaiowá. -- 3. ed. -- São Paulo : Matrioska
Editora, 2023. -- (Série leituras críticas
importam / coordenação Alvaro de Azevedo Gonzaga)

    Bibliografia.
    ISBN 978-65-84999-09-1

    1. Ancestralidade 2. Descolonização
3. Descolonização - História 4. Indígenas -
Colonização 5. Povos indígenas I. Título. II. Série.

23-161755                         CDD-980.30981
        Índices para catálogo sistemático:

    1. Indígenas : Descolonização : História   980.30981

Eliane de Freitas Leite - Bibliotecária - CRB 8/8415
```

Impresso no Brasil
2023

Dedico este livro
para Miguel da Costa Kaiowá,
indígena, meu avô e todos os parentes
da Aldeia Jaguapiru.

Apresentação da Série

Crítica Ancestral

A série **Leituras Críticas Importam** nasce ambiciosa e orgulhosa, ao mesmo tempo. A ambição perpassa a perspectiva de nossas autoras e autores, que assumiram a tarefa de contribuir no debate público brasileiro com temas de fôlego, enquanto o orgulho vem da unificação do novo com a ancestralidade que acompanha cada linha depositada nestas páginas.

As diversas obras que compõem este projeto foram pensadas para que possamos compreender como as ancestralidades construíram e fortificaram um novo pano de fundo que defendemos. O objetivo aqui, seja explícito ou não, é criar uma série em que o criticismo filosófico fosse capaz de alçar novos voos, assumir outras cores, raças, gêneros, identidades e formas que não apenas as falas tradicionais da filosofia eurocêntrica.

Leituras Críticas Importam consiste na dimensão de que a luta por questões estruturais, fundantes, elementares são necessárias e constantes. A série aponta para o direcionamento de que a ancestralidade é mais que uma definição: é um compromisso com as gerações anteriores e com uma tradição que jamais pode ser apagada. Nos textos que conformam esta obra ambiciosa, as ancestralidades não podem ser vistas apenas como uma forma de expressar e legitimar dimensões singulares e simples, mas sim, de compreendermos as questões convergentes e divergentes nessas trajetórias, tão necessárias para uma construção democrática, plural e crítica.

A convergência está no núcleo de nossos livros, que buscam reconhecer a existência de uma estrutura construída a partir de racismos contra indígenas, negros, povos e comunidades tradicionais, de discriminações contra as pessoas em situação de rua, pessoas com deficiência, pessoas LGBTQIA+, imigrantes e refugiadas. Está no reconhecimento das formas pelas quais o patriarcalismo é tensionado pelos feminismos; ou na constatação dos privilégios daqueles beneficiados por essa construção social em todas as instâncias dessa sociedade, inclusive no ambiente de trabalho. Na divergência, a necessária compreensão das multifaces que constroem uma dimensão imagética encantadora, brilhante, genial, rica e em caminhos abertos à crítica.

É na ancestralidade, não eurocêntrica, de aprendermos com aqueles que nos antecederam para decolonizarmos os corpos que foram sistematicamente excluídos, que podemos tensionar e criticar uma sociedade que se declara pró-democrática ao mesmo tempo em que, ao se omitir de maneira contumaz das "Leituras Críticas", é verdadeiramente demagógica. Uma sociedade que precisa ser antirracista, antipreconceituosa e, entre tantas coisas, comprometida com a superação de privilégios.

Cada palavra selecionada nos volumes foi escrita por mãos plurais que se desacorrentaram das dimensões individuais, sem abandonar suas individualidades e subjetividades e, com isso, a série é um convite aos leitores para que tragam suas críticas e reflexões, visando ao constante aprimoramento para um horizonte melhor no amanhã.

Alvaro de Azevedo Gonzaga
Em coconstrução com as autoras e os autores da série
Leituras Críticas Importam.

Prólogo*

---

* Texto original em espanhol

Recibí con gran satisfacción la solicitud de escribir el prólogo del libro "Decolonialismo Indígena", del profesor y jurista Álvaro de Azevedo Gonzaga, donde retrata la actual y difícil etapa que viven los derechos de los pueblos originarios de Brasil y las condiciones que la provocaron.

Jurista brillante y entusiasta, conjuga las condiciones históricas y antropológicas con el derecho y arroja luz sobre nuestras tareas para avanzar hacia una sociedad justa, compuesta por los que han vivido desde siempre en Brasil, en toda América y los que llegaron en los barcos de Pedro Álvares Cabral y Cristóbal Colón.

Siempre ha sido muy difícil para los visitantes comprender la naturaleza y la dimensión cultural de los pueblos de América. La inmensa mayoría de los pueblos europeos han sido tomados culturalmente durante mucho tiempo por su forma de vida, por sus religiones, por su relación utilitaria y destructiva de la naturaleza que siempre se ha transformado en algo muerto e intercambiable en forma de productos.

Nosotros, los nativos de América, tenemos la impresión de que el paradigma hegemónico de la cultura blanca, eurocéntrica, le da más importancia al exterior que al interior de su propia existencia.

En las últimas décadas se crearon diversas teorías para intentar explicar la naturaleza y el entorno en el que vivimos. Sin embargo, tuvo que pasar mucho tiempo para que nos fijáramos en las advertencias que la naturaleza nos da sobre su debilitada salud.

El problema es que desde el eurocentrismo siempre han observado a la naturaleza como si estuvieran fuera de ella, como si fueran superiores a ella y como si tuvieran pleno derecho a explotarla. Nosotros siempre hemos sido parte de la naturaleza, la tratamos con cariño, respetamos sus ciclos y le rendimos tributo juntos. En la actualidad, no encontrarán un ambiente más saludable que aquellos donde históricamente se asentaron los pueblos originarios.

Por tanto, si somos parte de la naturaleza y el hombre blanco, ingenuamente, piensa que es superior a ella, es evidente que no tuvimos ni pudimos tener una relación igualitaria y respetuosa. Siempre nos hemos enfrentado a una relación desigual entre "ellos" y "nosotros".

Álvaro estudió derecho por herencia material y moral paterna, vivió con libros y leyes. Recorrió un camino natural hacia el derecho y desarrolló un agudo sentido de la justicia. Pero fue de su madre de quien recibió la ascendencia indígena, la cosmovisión que aclara de dónde vino y hacia dónde debía ir, esa fue una relación metafísica que lo llevó al encuentro de la Pachamama, como la llamamos en Bolivia.

Su libro puede leerse como un simple texto de derecho, pero para los indígenas debe leerse como un libro sobre nuestros derechos. Dividió su obra en forma de mitos, relatos que en general los blancos creen que son ciertas sobre los nativos de Brasil.

Estos mitos tratan sobre aspectos históricos y culturales, especialmente sobre las relaciones entre blancos e indígenas. Esta historia se construyó comparando nuestro modo de vida (habitualmente tomado como primitivo, ingenuo, natural, subdesarrollado y, por tanto, de necesaria transformación), con la forma de vida de los blancos, cristianos, europeos, acumulativos y evolucionados. Este entendimiento continúa hasta nuestros días.

El trabajo de Álvaro nos ayuda a decir que la forma de vida de los pueblos originarios no debe compararse con la de los blancos desde una perspectiva evolutiva, más que eso, la vida de los blancos no es el destino inevitable de los pueblos de América. Nosotros no lo queremos así.

Es un mito que cuando el Estado asigna mucha tierra a los pueblos originarios, nuestra relación con él se transforma, tomamos solo lo que necesitamos, lo que es posible y necesario en cada uno de sus ciclos.

Los indígenas no acumulamos riquezas o excedentes como supone el capitalismo, no sobreexplotamos a la naturaleza y sabemos que ella no nos fallará. Por ese motivo es que necesitamos y somos los guardianes de la tierra, no hay ambiente más protegido que el de los territorios que ocupamos.

También es de ahí que surge el mito de que la gente originaria no trabaja. Trabajamos siempre, y mucho, pero nuestro trabajo no está apegado a conceptos de productividad.

Nuestro trabajo está basado en el respeto a la naturaleza, al trabajador, que también es naturaleza. Alcanzar la igualdad de esta manera es más difícil, pues lleva más tiempo y se produce menos. Sin embargo, genera alegría, vida y confianza en que siempre podremos vivir y trabajar ahí.

El libro también nos habla del mito de que las leyes generan respeto por los pueblos originarios y sus valores. Enfatiza, en el séptimo mito, que los indígenas no fuimos los primeros en garantizar su reconocimiento, ya que estos, en Brasil y en muchos otros países de América, solo alcanzamos la condición de ciudadanos con plenos derechos en el siglo pasado.

Pero este mismo libro reconoce que no fue posible colocar en estas leyes que somos el pueblo pionero de esta tierra y que, por lo tanto, nuestros derechos y autonomías deben ser decididos por nosotros mismos.

En otras palabras, la transformación puede comenzar con una ley, pero la transformación del mundo solo ocurrirá con la transformación del ser humano y su relación con la naturaleza. Y la buena ley escrita no pudo garantizarlo.

Álvaro es un hombre de leyes, y su libro nos ayuda a concluir que de la lucha necesaria por la transformación de la humanidad surgirá el derecho de los pueblos indígenas para seguir siendo indígenas. Que nuestra forma de vida no puede ser concebida como un paso a superar para volvernos blancos y que el Estado no puede considerar las tierras indígenas como tierras baldías.

Al final del libro, se nos presenta el concepto de decolonización, que es reciente y muy vigente en nuestra América Latina, y no debe confundirse con descolonización.

La descolonización es un concepto político y administrativo, que habla de la retirada del colonizador y la liberación o autonomía de un pueblo o Estado. Por tanto, es una definición insuficiente para abordar el problema que plantea el libro.

De nada sirve retirar al colonizador si se mantiene la cultura de este y / o la dependencia. Más que eso, si la permanencia de esa cultura impide que prevalezca la cultura de quienes pertenecemos a la tierra.

Nuestros países de América Latina tienen una independencia administrativa y política desde hace mucho tiempo, pero seguimos viviendo y guiando nuestra sociedad con los valores de la cultura arraigada por el colonizador. En la mayoría de los aspectos no estamos decolonizados.

Es en este contexto en el que se encuentran las relaciones entre los blancos y la mayoría de los pueblos originarios de nuestro continente. Aún no somos reconocidos como actores pioneros y protagonistas de nuestra historia y nuestra cultura no es concebida como parte del saber latinoamericano. Aún somos juzgados y valorados por la herencia de los colonizadores, sujetos invisibles o en necesaria transición hacia una sociedad blanca.

XV

Esta es nuestra lucha que, a nuestro entender, va mucho más allá de los intereses específicos de los pueblos originarios, se trata de nuestra definición como pueblo latinoamericano, de nuestra Patria Grande.

Esperamos que este libro ayude a acercar un poco más a Brasil a este debate y a la protección de nuestra Wiphala.

Que la obra del jurista Álvaro se una a la lista de escritos de calidad sobre nuestros pueblos y sirva para construir un futuro más justo y sensible en esta Patria Grande que nos une.

Juan Evo Morales Ayma
Primer Presidente del Estado Plurinacional de Bolivia

Prefácio**

** Tradução juramentada por Carla Carrion.

Recebi, com grande satisfação, a solicitação de escrever o prefácio do livro "Decolonialismo Indígena", do professor e jurista Álvaro de Azevedo Gonzaga, onde retrata a atual e difícil etapa em que vivem os direitos dos povos originários do Brasil e as condições que a provocaram.

Jurista brilhante e entusiasta, conjuga as condições históricas e antropológicas com o direito e joga luz sobre nossas tarefas para avançar em direção a uma sociedade justa, composta pelos que desde sempre viveram no Brasil, em toda América, e os que chegaram nos barcos de Pedro Álvares Cabral e de Cristóvão Colombo.

Sempre foi muito difícil para os visitantes compreenderem a natureza e a dimensão cultural dos povos da América. A imensa maioria dos povos europeus foram tomados culturalmente durante muito tempo por sua forma de vida, por suas religiões, por sua relação utilitária e destrutiva da natureza, que sempre se transformou em algo morto e intercambiável na forma de produtos.

Nós, os nativos da América, temos a impressão de que o paradigma hegemônico da cultura branca, eurocêntrica, dá mais importância ao externo que ao interno de sua própria existência.

Nas últimas décadas foram criadas diversas teorias para tentar explicar a natureza e o entorno em que vivemos. No entanto, muito tempo teve que passar para que percebêssemos as advertências que a natureza nos dá sobre sua saúde debilitada.

O problema é que o eurocentrismo sempre observou a natureza como se estivesse fora dela, como se fossem superiores a ela e como se tivessem pleno direito a explorá-la. Nós sempre fomos parte da natureza, sempre a tratamos com carinho, sempre respeitamos seus ciclos e sempre lhe prestamos homenagem, juntos. Atualmente, não encontrarão um ambiente mais saudável do que aquele onde historicamente se assentaram os povos originários.

Portanto, se somos parte da natureza e o homem branco, ingenuamente, pensa que é superior a ela, é evidente que não tivemos nem pudemos ter uma relação igualitária e respeitosa. Sempre enfrentamos uma relação desigual entre "eles" e "nós".

Álvaro estudou direito por herança material e moral paterna, viveu com livros e leis. Percorreu um caminho natural em direção ao direito e desenvolveu um agudo sentido de justiça. Mas foi de sua mãe, de quem recebeu a ascendência indígena, a cosmovisão que esclarece de onde veio e aonde deveria ir, essa foi uma relação metafísica que o levou ao encontro da *Pachamama*, como a chamamos na Bolívia.

Seu livro pode ser lido como um simples texto de direito, mas para os indígenas deve ser lido como um livro sobre nossos direitos. Dividiu sua obra na forma de mitos, relatos que em geral os brancos acreditam que são certos sobre os nativos do Brasil.

Estes mitos tratam dos aspectos históricos e culturais, especialmente sobre as relações entre brancos e indígenas. Esta história foi construída comparando nosso modo de vida (habitualmente tomado como primitivo, ingênuo, natural, subdesenvolvido e, portanto, de necessária transformação), com a forma de vida dos brancos, cristãos, europeus, acumulativos e evolucionados. Este entendimento continua até nossos dias.

O trabalho de Álvaro nos ajuda a dizer que a forma de vida dos povos originários não deve ser comparada com a forma de vida dos brancos, do ponto de vista de uma perspectiva evolutiva, mais do que isso, a vida dos brancos não é o destino inevitável dos povos da América. Nós não o queremos assim.

É um mito que quando o Estado aloca muita terra aos povos originários, nossa relação com ele se transforma, tomamos apenas o que necessitamos, o que é possível e necessário em cada um de seus ciclos.

Os indígenas não acumulam riquezas ou excedentes como supõe o capitalismo, não superexploram a natureza e sabem que ela não falhará. Por esse motivo é que precisam e são os guardiães da terra, não há ambiente mais protegido do que o dos territórios que ocupam.

Também é daí que surge o mito de que os povos originários não trabalham. Trabalham sempre, e muito, mas o seu trabalho não está apegado a conceitos de produtividade.

É um trabalho baseado no respeito à natureza, ao trabalhador, que também é natureza. Alcançar a igualdade desta forma é mais difícil, pois leva mais tempo e se produz menos. No entanto, gera alegria, vida e confiança em que sempre poderão viver e trabalhar aí.

O livro também nos fala do mito de que as leis geram respeito pelos povos originários e seus valores. Enfatiza, no sétimo mito, que os indígenas não foram os primeiros em garantir seu reconhecimento, já que estes, no Brasil e em muitos outros países da América, só alcançaram a condição de cidadãos com plenos direitos no século passado.

Mas, este mesmo livro reconhece que não foi possível colocar nestas leis que os indígenas são o povo pioneiro desta terra e que, portanto, seus direitos e autonomias devem ser decididos por eles mesmos.

Em outras palavras, a transformação pode começar com uma lei, mas a transformação do mundo só ocorrerá com a transformação do ser humano e sua relação com a natureza. E a boa lei escrita não pode garanti-lo.

Álvaro é um homem de leis, e seu livro nos ajuda a concluir que, da luta necessária pela transformação da humanidade surgirá o direito dos povos indígenas a continuar sendo indígenas. Que nossa forma de vida não pode ser concebida como um passo a ser superado para virarmos brancos e que o Estado não pode considerar as terras indígenas como terras baldias.

Ao final do livro, somos apresentados ao conceito de decolonização, que é recente e muito vigente em nossa América Latina, e não deve ser confundido com descolonização.

A descolonização é um conceito político e administrativo, que fala da retirada do colonizador e da liberação ou autonomia de um povo ou Estado. Portanto, é uma definição insuficiente para abordar o problema que o livro coloca.

De nada serve retirar o colonizador se for mantida a cultura deste e/ou a dependência. Mais do que isso, se a permanência dessa cultura impedir que prevaleça a cultura daqueles que pertencem à terra.

Nossos países da América Latina têm uma independência administrativa e política desde há muito tempo, mas continuamos vivendo e guiando nossa sociedade com os valores da cultura arraigada pelo colonizador. Na maioria dos aspectos não estamos decolonizados.

É neste contexto em que se encontram as relações entre os brancos e a maioria dos povos originários de nosso continente. Ainda não somos reconhecidos como atores pioneiros e protagonistas de nossa história e nossa cultura não é concebida como parte do saber latino-americano. Ainda somos julgados e avaliados, valorados pela herança dos colonizadores, sujeitos invisíveis ou em necessária transição a uma sociedade branca.

Esta é nossa luta que, no nosso entendimento, vai muito além dos interesses específicos dos povos originários, se trata de nossa definição como povo latino-americano, de nossa Pátria Grande.

Esperamos que este livro ajude a aproximar um pouco mais o Brasil a este debate e à proteção de nossa *Wiphala*.

Que a obra do jurista Álvaro se una à lista de documentos de qualidade sobre nossos povos e sirva para construir um futuro mais justo e sensível nesta Pátria Grande que nos une.

Juan Evo Morales Ayma
Primeiro Presidente do Estado Plurinacional da Bolívia

Nota à terceira edição

Uma nova era se descortina.

E quando o amor vence o ódio, quando a esperança vence as trevas, quando quem era subaternizado tem voz e vez, holofotes são lançados em nossa causa.

Da água poluída dos yanomamis no norte do Brasil, à perseguição dos indígenas guarani no Mato Grosso do Sul, da saúde que estava doente no governo anterior, à necessidade de gigantescos esforços pela Secretaria Especial de Saúde Indígena.

Nesse momento de tantos desencontros com o afeto, da natureza sendo tratada como objeto dos seres abjetos, é que apresentamos nossa terceira edição do *Decolonialismo Indígena*.

Tantas contribuições no debate foram trazidas, tantas experiências foram vividas, parentes que não conhecia, amigos que faltavam apenas serem apresentados.

Em Brasília, obra prima de Niemeyer, construída sobre o sangue e o barro dos trabalhadores indígenas e caboclos desse sertão, buscamos o que já era nosso pela lei dos brancos, empurrando o Judiciário a nos reconhecer como seres humanos. Hoje, essa terra tambem é nossa, não apenas pelo novo Ministério, mas pela Retomada da FUNAI (Fundação nacional dos povos indígenas).

No Brasil, de multifacetas étnicas, a ausência ética permeou os que, em nome da estética, mataram a mata para crerem que o belo está em negar o tempo.

E assim, inserimos novas formas, frases e ideias neste livro.

Da participação no Parlamento indígena, ao Comitê Intersetorial indígena do Estado de São Paulo, ou a comissão de Direitos Humanos do Congresso Nacional, até nossa participação no Grupo de Transição dos Povos Originários.

Digo que os defensores dos Direitos Humanos não se improvisam. Há mais de 20 anos milito como advogado e defensor dos Direitos Humanos.

Nesta edição, apontamentos sobre o crescimento demográfico indígena constatado pelo CENSO do IBGE, bem como o aumento populacinal de indígenas em contexto urbano; as políticas indígenas desenvolvidas tanto para a Retomada da FUNAI, agora Fundação nacional dos Povos Indígenas, como também a modelação do Ministério dos Povos Indígenas.

Um novo tempo, mas tempo de retomar e avançar.

União e Reconstrução são os *maracas* do presente, mas resta lembrar que para reconstruir temos que descontruir os muros da ignorância de muitos que ainda nos olham de maneira a nos subalternizar.

Desconstruir para reconstruir um Brasil em que não sejamos tutelados e que nosso adágio amplamente repetido desde Juruna a Alvaro Tukano, seja nosso refrão de bem viver: "Nada sobre nós sem nós".

Agradeço aos atentos leitores que colaboraram para esta edição e sou grato aos novos leitores que seguramente contribuirão para aprimorar ainda mais este trabalho que se oferta à leitura.

Aos novos e antigos leitores, gratidão.
Pindorama, 19 de Abril de 2023
Dia dos Povos Indígenas

Alvaro de Azevedo Gonzaga Kaiowá

Sumário

Apresentação da Série	VII
Prólogo*	XI
Prefácio**	XVII
Nota à segunda edição	XXIII
O encontro de dois rios!	XXIX

1º mito: Colocando os pingos nos Índios: Por que "povos originários" ou "indígenas"? — 1

2º mito: O arco e flecha! — 9

3º mito: Indígenas não gostam de trabalhar e são preguiçosos, canibais, violentos e matam crianças. — 21

4º mito: Indígenas possuem muitas terras! — 37

    Sobre a demarcação de terras indígenas. — 42

    O Marco Temporal da Terra Indígena. — 53

5º mito: Indígenas estão desaparecendo no Brasil. — 63

    Não foram apenas "gripezinhas": O caráter de dizimação das epidemias trazidas pelo homem branco supostamente "civilizado". — 66

    A recuperação e acréscimo do contingente populacional indígena brasileiro nos últimos 50 anos. — 69

    A COVID-19 e o longo genocídio contra os povos originários: — 82

6º mito: Ah, que saudades dos militares! Relatório Figueiredo: Etnocídios e Normaticídios. — 89

7º mito: Os primeiros brasileiros da história são os Indígenas. — 99

8º mito ou 1ª luta? Por um Decolonialismo Indígena. — 117

    O conceito de Decolonialismo. — 119

    "Nós, os subalternos indígenas", e o "Lócus da enunciação" do Decolonialismo. — 124

    Modelos teóricos sobre a questão de dominância e Poder na Modernidade. — 128

    O pensamento decolonial Indígena como instrumento pedagógico. — 141

Posfácio — 149

Referências — 155

O encontro de dois rios!

> *"Em fevereiro (2021), durante a apresentação pública dos resultados da pesquisa de pós-doutorado de Alvaro de Azevedo Gonzaga, do povo Guarani Kaiowá, a sala virtual da Universidade Federal Grande Dourados foi invadida por hackers, que interromperam a solenidade com hinos, músicas, gritos, além de agressões verbais e ameaças de morte…".* RELATÓRIO CIMI – Violência Contra os Povos Indígenas no Brasil – Dados de 2021.

Ao iniciar minhas palestras e ter meu *Curriculum Vitae* apresentado, costumo dizer que precisamos contrair o passado e expandir o presente, para termos um futuro melhor.

Em regra, muitos dos auditórios surpreendem-se com meus títulos ali anunciados, mas já advirto que esse *Curriculum* me trouxe até eles para ser ouvido e que o que ele melhor carrega é a minha história e ancestralidade.

Aqui gostaria de destacar a história de meus avôs.

Meu avô paterno teve uma vida de inegáveis privilégios. De família tradicional, que carrega o sobrenome Alvares de Azevedo Gonzaga, é patente que muitas oportunidades se descortinaram em sua trajetória. Isso fez com que ele estudasse Direito no Largo São Francisco (atual Direito USP), fosse aprovado em 1º lugar no concurso do Ministério Público Bandeirante e se aposentasse como Procurador de Justiça aos 70 anos de idade. Casou-se com uma professora que alçou o cargo de Delegada Estadual de Ensino em São Paulo.

Meu avô materno já teve uma história muito diferente dos privilégios ora narrados. Nascido em Dourados, hoje Mato Grosso do Sul, entre os Guarani Kaiowá, participou de um grande deslocamento Guarani, sentido litoral, na década de 10 do século passado, na ocasião laborava na construção civil, eufemismo para não dizer pedreiro. Nesse processo de deslocamento, um acidente marcou sua vida: um barranco caiu em sua perna, fazendo-a ser amputada aos 18 anos de idade. Esse acidente fez com que ele escolhesse e fosse escolhido por São Paulo para viver e exercer seu ofício de sapateiro. De sobrenome Costa, casou-se com uma imigrante italiana, que exerceu o labor de lavadeira por toda sua vida.

Dessas histórias, meu pai, que viveu os privilégios de meu avô paterno, teve formação e trilha de estudos exemplar; já minha mãe, aos 14 anos, trabalhava para ajudar na renda familiar.

Entre a volta de um dia da faculdade dele e o retorno ao trabalho dela nasce uma relação que me frutifica como um de seus filhos.

Nutria e nutro admiração pela história de ambos, gostava muito de ouvi-las e hoje gosto de replicar ao meu filho, alunos e amigos.

Aos 20 anos de idade segui os passos de meu avô paterno e fui estudar Direito. Nessa trilha muito aprendi, muito estudei e muito cresci. Não posso deixar de consignar que fruí de privilégios de ter estudado em uma boa escola, e ter formação sólida nas faculdades que estudei nas duas últimas décadas.

Então, a COVID-19 nos coloca em um novo Universo. Descobrimos um Direito necessário à preservação de nossas vidas, o *Direito Universal à Respiração*, como diria o filósofo camaronês *Achille Mbembe* em um texto datado de abril de 2020.

Somos uma humanidade errante e errada, precisamos entender que sem nossas ancestralidades seremos órfãos de história. De fato, todos nós viramos indígenas? Fomos igualados à necessidade de preservarmos nossas vidas, ou a situação indígena sempre foi e será pior?

Bem, após 20 anos estudando Direito e Filosofia recalculei minha rota. Na quarentena de 2020 mirei estudar história e minha ancestralidade indígena. Precisava mergulhar na história do meu outro avô, o materno, precisava entender melhor a sabedoria que vai além dos bancos acadêmicos e transborda balcões de trabalho.

Em 2020 retornei a Dourados para compreender melhor e viver minha ancestralidade indígena. Mas como diz o ditado: "o cachimbo entorta a boca", não pude sair da trilha que sempre segui, e recorri aos estudos para conhecer mais sobre os povos indígenas. Comecei meu terceiro pós-doutoramento no Programa de História na Universidade Federal de Grande Dourados (UFGD) e parte de minha pesquisa aqui se apresenta.

Hoje, ao escrever esse texto, aos 40 anos de idade, vejo que dediquei metade de minha jornada até aqui, 20 anos, à Filosofia e ao Direito. Então chega a hora de unir meu conhecimento do Direito e da Filosofia aos meus próximos 20 anos de estudo sobre a história dos povos indígenas, e nesse sincretismo ancestral defender, estudar e lutar pelos Direitos dos Povos originários indígenas.

Até o fechamento desta edição, o tempo passou, mas também na concepção indígena, uma contração de eventos me colocaram como Kunumi Marangatu (aquele que nasceu para fazer o bem), e assim minha responsabilidade só aumenta e sigo lutando com minhas armas do Direito, da Filosofia, da História e da Antropologia.

1° MITO:

Colocando os pingos nos Índios: Por que "povos originários" ou "indígenas"?

Quando criança, muitos festejam o dia do índio, outros tantos creem que índio é somente aquele que usa cocar e pinta o rosto. Os indígenas receberam o nome de índios quando Cristóvão Colombo chegou à América em 1492 e estava convencido de que havia chegado à Índia. Com isso, nomeou os nativos Americanos do modo como os espanhóis nominavam os nativos da Índia, sendo estes índios. Se o erro geográfico de Colombo custou uma homenagem com o nome de um país (Colômbia) e não do Continente Americano, o mesmo erro não pode render-se à nomenclatura dos povos indígenas. Por isso, viva os povos originários indígenas!

Antes de tudo, é necessário ser explicado por que este livro não se utilizará do termo "índio" para se referir ao indígena, também chamados de povos originários. Entende--se que o emprego do termo "índio" é indevido e desrespeitoso. A primeira coisa que deve ser levada em conta é que os povos originários indígenas, embora sejam ancestrais no Brasil, muito antes de 1500, que é nosso marco temporal de narrativa histórica, permaneceram praticamente invisíveis até meados da década de 70 do século passado. Com a Constituição de 1988, ficaram visíveis como sujeitos de direitos, muito embora esse traço preconceituoso de nominá-los como "índios" tenha sido também escrito no Texto Constitucional.

No decorrer de todo o tempo anterior à vigência da Constituição de 1988 as etnias indígenas foram invisibilizadas e sobre elas foi mantido um "apelido" pejorativo que perdura desde Cristóvão Colombo. Sabe-se que apelido não retrata quem o apelidado de fato é, mas sim o que as demais pessoas acham e pensam dele. Assim, bom apelido é aquele que demonstra, por meio de uma alcunha, que o apelidado possui uma característica, uma ausência ou uma falta, logo este é "grande" ou "pequeno", "bonito" ou "feio", "rico" ou "pobre". O apelido é muitas vezes uma maneira de chamar o outro de maneira desqualificada. Nesse caso a palavra "índio", que consta em nosso vernáculo, também se faz presente no vocabulário dos povos indígenas, afinal é algo que foi constantemente reproduzido.

Foi nos anos 70, momento em que a juventude brasileira passou a se reconhecer como um componente de uma sociedade maior, que nasceu o movimento indígena e o termo "índio" passou a ser utilizado como um instrumento de luta e como uma maneira de se identificar com aqueles que estavam em sintonia de pensamento. Deste modo, a palavra "índio" até os dias de hoje é usada unicamente no referido sentido.

Quando a palavra "índio" é utilizada por grande parcela da sociedade brasileira, nota-se que é atribuído o sentido do desdém do apelido, ou seja, de maneira pejorativa, traduzindo pensamento que visa ao estereótipo e a construir uma ideologia a fim de macular a imagem do indígena e à ideologia[1] (CHAUÍ, 1984, p. 119).

O termo "índio" também apresenta uma conotação ideológica muito forte e faz com que as pessoas o associem a características negativas, como o pensamento de que o indígena é preguiçoso, indolente, primitivo, selvagem, atrasado ou mesmo canibal, além do fato de ignorar toda a diversidade presente entre os povos indígenas.

---

[1] Sobre as formações sociais específicas como fator de legitimação ideológica, é preciso entender o sentido de produção social da ideologia, que se dá em três momentos fundamentais (i) lançamento do conceito, ii) fixação no senso comum e iii) manutenção do termo) e na questão indígena faz todo o sentido a fim de desmontar a imagem e a força da luta indígena empregando o termo "índio".

Assim, quando o corpo social, em geral, emprega referido termo para se referir ao indígena, acaba por classificar este como menos humanizado, minimizando-o, o que é um hábito que necessita ser abandonado. Tal prática deve ser afastada mesmo por aqueles que acreditam que ao se referirem aos indígenas como "índios" o fazem pensando em um aspecto positivo romantizado, mais pacífico e bonito, daquele oriundo da floresta e ingênuo. Neste sentido, as palavras "índio" e "indígena" não significam a mesma coisa e a segunda não é derivada da primeira, ao contrário do que acredita a maioria das pessoas (MUNDURUKU, 2018). A Estética precisa permear a Ética e ensinar pelo estudo do belo, nesse sentido a poesia de Marcia Kambeba expondo o sentir sobre ser indígena e não índio:

Índio eu não sou

Não me chame índio
Porque esse nome nunca
me pertenceu
Nem como apelido eu
quero levar
O erro que Colombo cometeu.

Por um erro de rota
Colombo em meu solo desembarcou
E com desejo de nas
Índias chegar
Com nome de índio me apelidou.

Esse nome me traz muita dor
Uma bala em meu peito transpassou
Meu grito na mata ecoou
Meu sangue na terra jorrou.

Chegou tarde eu já estava aqui
Caravela aportou bem ali
Eu vi homem branco subir
Na minha uka me escondi

Ele veio sem ter permissão
Com a cruz e a espada na mão
Nos seus olhos uma missão
Dizimar em nome da civilização.

Índio eu não sou
Sou Kambeba, Tembé, Suruí
Sateré, Mura, Guarani, Apinaé
Tikuna, Kokama, Pankararu, Truká
Tuxá, Fulni-ô, Guajajara, Kaiowá.
E existi com garra e com muita fé.
Mas índio eu não sou.

5

Segundo o Dicionário Online de Português – DICIO, o uso do verbete "índio" (DICIO, 2020) para fazer menção ao indivíduo que faz parte de alguma denominação indígena ou dos povos nativos e originários de um país é considerado obsoleto. Desta forma, o termo "índio" não possui significado efetivo se a intenção é se referir ao "indígena", inclusive porque o primeiro significado para o termo "índio" no referido dicionário é de *"Natural ou habitante da Índia, da República da Índia, país localizado no continente asiático; indiático, índico"*. Outro significado mais apropriado para a palavra "índio", constante no mesmo banco de verbetes, é o de *"Metal branco de símbolo In, número atômico 49, massa atômica 114,818, que funde a 155 °C e que se extrai das blendas de Freiberg, muito usado na indústria nuclear como absorvedor de nêutrons; índium"*.

Por outro lado, o verbete "indígena" (DICIO, 2020) no Dicionário Online de Português – DICIO possui três significados: (1) *"Nascido no país em que vive, especialmente falando dos povos que já habitavam um território não colonizado; aborígine, autóctone"*; (2) *"Aquele que nasceu na América (Norte, Sul e Centro) antes do seu processo de colonização por europeus: povos indígenas da Amazônia"* e (3) *"Relativo aos autóctones, às pessoas nativas de um território"*. Este verbete sim transmite o significado de originalidade, porque passa a ideia de que o indígena está presente no espaço físico antes dos demais.

Este livro acredita na importância de se referir aos seres humanos, sobretudo as minorias, não de forma "politicamente correta", mas efetivamente de forma apropriada, respeitosa e com escolhas que esclareçam os caminhos que devemos seguir, afinal todo texto é sim uma tomada de posição. A sociedade valoriza a palavra, afinal esta sempre denota um sentido e um espírito e possui o poder de enobrecer ou de menosprezar o sujeito. A identidade de cada um é revelada pelo lugar que se pertence. É dever de uma sociedade em um Estado Democrático de Direito lutar para que seus componentes possam ser aquilo que eles desejam ser (MUNDURUKU, 2018).

O "Dia do Índio" em 19 de abril[2], criado pelo presidente Getúlio Vargas em 1943[3], é um dia em que comemoramos uma ficção. Celebrações efetuadas em escolas de todo o país retratam o indígena muitas vezes como uma figura que apresenta pinturas no rosto e uma pena de pássaro fixada em sua cabeça, vindo de dentro de uma oca de palha em formato triangular, traduzindo um conceito folclórico e preconceituoso. Por todas estas razões pensamos que o melhor nome a ser dado a este dia seria "Dia da Diversidade Indígena" ou "Dia da Consciência Indígena".

A então deputada federal Joenia Wapichana, encaminhou o projeto de Lei 5.466 em 2019, que foi aprovado, mas na sequência vetado, em mais uma ato normaticida do então Presidente da República à época. Entretanto, o Projeto teve seu veto derrubado em junho de 2022, trazendo assim a Lei 14.402, que altera o nome de Dia do Índio para "Dia dos Povos Indígenas".

Diante do exposto, acredita-se que a palavra "índio" é genérica e que somente desqualifica e remonta a

---

[2] **Decreto-lei nº 5.540.** Rio de Janeiro: Presidência da República, 1943. Curioso é o fato que a data de 19 de abril foi escolhida como o "Dia do Índio" porque o Primeiro Congresso Indigenista Interamericano, reunido no México, em 1940, propôs aos países da América a adoção desta data para homenagear os indígenas, ao passo que a mesmíssima data fora escolhida para celebrar o Dia do Exército Brasileiro, como rege o Decreto de 24 de março de 1994, expedido pelo presidente Itamar Franco, porque as datas de 19 de abril de 1648 e de 19 de abril de 1971 registram a 1ª Batalha dos Guararapes e a criação do Parque Nacional dos Guararapes, respectivamente, e o Exército Brasileiro possui suas raízes fincadas na Região de Guararapes.

[3] **Decreto-lei nº 5.540, de 02/06/1943.**

preconceitos, omitindo toda a diversidade, riqueza e humanidade dos povos indígenas. Esta é a razão de não utilizarmos este termo para se referir aos indígenas. Por fim, este trabalho lamenta que nossos dispositivos legais e órgãos oficiais se refiram aos indígenas pelo termo "índio", como se verifica, por exemplo, em passagens da Constituição Federal de 1988, no Estatuto do Índio e na Fundação Nacional do Índio – FUNAI, mas como já dissemos devemos lutar pela mudança da cultura para que no futuro os textos recepcionem mais essa necessária terminologia.

É interessante refletir sobre o conceito de futuro que circunda o imaginário das comunidades indígenas. Na realidade, para muitos povos não há um termo que possua o mesmo significado de futuro que o Ocidente lhe confere. São grupos que se guiam pelo momento atual e pela sua urgência. Tais coletivos aperfeiçoaram a tradicionalidade como um meio de sobreviverem, pautados em uma maneira subjetiva de ver e entender o mundo cujo conceito de futuro não se concretiza pela produtividade e acumulação de produto como se dá no hemisfério Ocidental, mas por meio de uma percepção fundada numa tática de subsistência organizada pela economia solidária, pelo poder que é dividido e pela educação voltada à liberdade (MUNDURUKU, 2012, p. 222).

Dessa forma, refletir sobre a emancipação das comunidades indígenas seria com certeza o melhor entendimento de futuro que os líderes poderiam conceder aos seus povos. É por essa razão que já foi afirmado que para os indígenas o futuro já foi no máximo o próximo ano e que tal ano quiçá não poderia sequer chegar, como não chegou para alguns líderes que foram mortos em diferentes regiões brasileiras em razão de militarem pelos direitos de seus povos.

2º MITO:

O arco e flecha!

> *Em 2006, quando organizei eventos com o Conselho Indigenista Missionário (CIMI) e a OBORÉ (Projetos Sociais de Comunicação e Artes) sobre Direitos dos Povos indígenas, recordo-me de ter ido a uma aldeia Guarani que se localiza no extremo sul do município de São Paulo (Parelheiros). Chegando lá, com um grupo de jovens estudantes de jornalismo, vimos diversos indígenas e seu líder que nos recebeu em traje social (calça social, sapato, camisa de manga comprida). Percebia nos jovens que ali estavam alguma frustração em não o ver com um cocar na cabeça ou o rosto pintado.*

Identidade e pertencimento étnico não são conceitos estáticos e imutáveis, mas processos dinâmicos de composição individual e social. Assim, não é cabível ao Estado reconhecer e definir quem é ou não indígena, mas garantir que sejam respeitados os processos individuais e sociais de construção e formação de identidades étnicas. O grupo étnico, povo ou etnia é uma categoria de indivíduos que se identificam entre si, usualmente tendo como base uma genealogia ou ancestralidade compartilhada. Segundo o dicionário LEXICO da Oxford University Press (ETHNICITY, 2020), etnicidade é o fato ou o estado de pertencer a um grupo social que possui uma tradição nacional ou cultural em comum.

Sobre o tema, explanou Manuela Carneiro da Cunha (2009):

> *Esses critérios já estão consagrados na antropologia social e são aplicados na definição de qualquer grupo étnico. Entre eles, não figura o de "raça", entendida como uma subdivisão da*

espécie, que apresenta caracteres comuns hereditários, pois esta não só foi abandonada enquanto critério científico. Raça não existe, embora exista uma continuidade histórica de grupos de origem pré-colombiana. Tampouco podem ser invocados critérios baseados em formas culturais que se mantivessem inalteradas, pois isso seria contrário à natureza essencialmente dinâmica das culturas humanas: com efeito, qual o povo que pode exibir os mesmos traços culturais de seus antepassados? Partilharíamos nós os usos e a língua que aqui vigoravam há apenas cem anos? Na realidade, a antropologia social chegou à conclusão de que os grupos étnicos só podem ser caracterizados pela própria distinção que eles percebem entre eles próprios e os outros grupos com os quais interagem (CUNHA, 2009, p. 247).

Os critérios utilizados para definição do indígena pela Fundação Nacional do Índio – FUNAI até janeiro de 2021 foi pautada pela Convenção 169 sobre Povos Indígenas e Tribais da Organização Internacional do Trabalho – OIT e pela Lei nº 6.001/1973 (Estatuto do Índio), consistindo na autodeclaração e na consciência de sua identidade por parte do indivíduo e no reconhecimento dessa identidade por parte do seu grupo de origem (FUNAI, 2020b).

A Convenção nº 169 da OIT sobre Povos Indígenas e Tribais[4] traz a seguinte redação em seu art. 1º (OIT, 1989), que dispõe:

---

[4] Foi promulgada integralmente no Brasil pelo Decreto nº 5.051/2004, que posteriormente foi revogado, sendo hoje consolidada pelo Decreto nº 10.088/2019.

"A presente convenção aplica-se:

a) aos povos tribais em países independentes, cujas condições sociais, culturais e econômicas os distingam de outros setores da coletividade nacional, e que estejam regidos, total ou parcialmente, por seus próprios costumes ou tradições ou por legislação especial;

b) aos povos em países independentes, considerados indígenas pelo fato de descenderem de populações que habitavam o país ou uma região geográfica. pertencente ao país na época da conquista ou da colonização ou do estabelecimento das atuais fronteiras estatais e que, seja qual for sua situação jurídica, conservam todas as suas próprias instituições sociais, econômicas, culturais e políticas, ou parte delas. 2. A consciência de sua identidade indígena ou tribal deverá ser considerada como critério fundamental para determinar os grupos aos que se aplicam as disposições da presente Convenção". (OIT, 1989)

Já o Estatuto do Índio[5] (1973), por meio de seu art. 3º, inc. I, define indígena como *"(...) todo indivíduo de origem e ascendência pré-colombiana que se identifica e é identificado como pertencente a um grupo étnico cujas características culturais o distinguem da sociedade nacional".*

No dia 22 de janeiro de 2021 a FUNAI editou a Resolução nº 04 com critérios mais restritivos sobre quem é considerado indígena. Segundo o art. 1º da referida Resolução, buscou-se *"definir novos critérios específicos de heteroidentificação que serão observados pela FUNAI, visando*

---

[5] BRASIL. **Lei nº 6.001/1973**. Brasília: Senado Federal, 1973.

aprimorar a proteção dos povos e indivíduos indígenas, para execução de políticas públicas". Tal ato normativo entrou em vigência em 1º de fevereiro de 2021.

Dispõe o art. 2º da Resolução nº 04 da FUNAI[6] (2021):

> "Art. 2º Deverão ser observados os seguintes critérios:
> I - Vínculo histórico e tradicional de ocupação ou habitação entre a etnia e algum ponto do território soberano brasileiro;
> II - Consciência íntima declarada sobre ser índio;
> III - Origem e ascendência pré-colombiana;
> Parágrafo único. Existente o critério I, haverá esse requisito aqui assinalado, uma vez que o Brasil se insere na própria territorialidade pré-colombiana;
> IV - Identificação do indivíduo por grupo étnico existente, conforme definição lastreada em critérios técnicos/científicos, e cujas características culturais sejam distintas daquelas presentes na sociedade não índia".

Na prática, entretanto, tal ato administrativo da FUNAI gera mais um entrave ao reconhecimento e identificação das pessoas enquanto indígenas. Isto porque tal medida pode vir a deixar desamparada de várias políticas públicas metade do contingente autodeclarado indígena.

Explanou Daniel Munduruku (2012):

---

[6] FUNDAÇÃO NACIONAL DO ÍNDIO – FUNAI. **Resolução nº 04**. Brasília: Ministério da Justiça e Segurança Pública, 2021.

Certamente é perceptível que muito do que acontece hoje dentro da sociedade brasileira – em termos educacionais, políticos e sociais – é, em parte, fruto da ação da sociedade civil organizada. A própria abertura política ocorrida no início de 1980 foi fruto de mobilização popular. Desse momento histórico nossos povos também participaram de diferentes formas, e ainda hoje continuam participando.

Talvez a maior contribuição que o Movimento Indígena ofereceu à sociedade brasileira foi o de revelar – e, portanto, denunciar – a existência da diversidade cultural e linguística. O que antes era visto apenas como uma presença genérica passou a ser encarado como um fato real, obrigando a política oficial a reconhecer os diferentes povos como experiências coletivas e como frontalmente diferentes da concepção de unidade nacional. (MUNDURUKU, 2012, p. 222)

Sobre o estudo da história e cultura indígena nas instituições de ensino fundamental e médio no Brasil, expôs Thiago Cavalcante (2011):

Em 2008 a Lei Federal nº 11.645, a exemplo do que já era previsto desde 2003 em relação à história e cultura afro-brasileira, tornou obrigatório o estudo da história e cultura indígena nos estabelecimentos de ensino fundamental e médio do país. Como já foi destacado em outro trabalho (CAVALCANTE, 2008), a legislação traz otimismo, mas também certa melancolia por saber que é necessária uma obrigação legal para oferecer algum espaço à história indígena ou ao indígena na história do Brasil ensinada nas escolas. Apesar dessa questão, esse dispositivo legal pode contribuir para o desenvolvimento da pesquisa em história indígena, pois se espera que as instituições de ensino superior abram novos postos de trabalho nessa área. Isso propiciará a contratação de professores e pesquisadores comprometidos com a temática e a formação de licenciados habilitados para o ensino da questão nas escolas. Para o sucesso efetivo dessa legislação, é fundamental que seja superada a perspectiva eurocêntrica e evolucionista presente em muitos currículos escolares. Observa-se que em muitos casos, tanto a história e a cultura da África ou afro-brasileira, quanto a história e a cultura dos indígenas são inseridas nas atividades escolares por meio de projetos anexos, mas desconectados das atividades curriculares normais. Essa forma de cumprimento da obrigação legal tem caráter apenas burocrático e pode ter um efeito inverso ao esperado, pois tratar dessas histórias de forma isolada da dita história nacional pode reforçar preconceitos, visto que são apresentadas somente na "semana do índio" e na "semana da consciência negra" de forma desconexa em relação à chamada "História do Brasil". (CAVALCANTE, 2011, p. 364-365)

A temática indígena se aperfeiçoou na História do Brasil com um balanço por óbvio negativo para os indígenas. A sociedade brasileira se faz sobre o patrimônio do território dos aproximadamente quatro milhões de indígenas que aqui habitavam, haure seu sangue e o perfaz em "ouro vermelho", como afirmara outrora o Padre Antônio Vieira, e recebe por caridade e por osmose alguns dos seus atributos culturais essenciais. Em contrapartida, não é promovida sua integração com independência e liberdade e nem soluciona seus problemas elementares contemporâneos de sobrevivência: não apenas restam terras a serem demarcadas, como aquelas que já foram homologadas e assentadas como patrimônio da União Federal ainda são amedrontadas de serem canceladas por alterações no corpo legal e invadidas e esbulhadas devido a anseios econômicos capitalistas.

Não bastando, apesar de a situação de saúde ter progredido consideravelmente, o que se pode denotar pelo crescimento populacional indígena, numerosas condições básicas de saúde subsistem muito inferiores em detrimento da assistência dada aos demais brasileiros, a exemplo da taxa de mortalidade infantil que ainda permanece o dobro da média nacional (25% para 52%). No que diz respeito à educação escolar e circunstâncias de desenvolvimento pessoal, a desigualdade entre indígenas e não indígenas é grande. Uma sustentação em movimento de poder pautada pelo desequilíbrio é constituída por diversos componentes que permeiam o tema indígena no momento, tais como a diversidade dos povos, o Estado, a Igreja Católica, a conjuntura do progresso socioeconômico e suas forças de defrontamento, as forças armadas, os estudiosos, a classe média trabalhadora urbana, os proprietários de áreas rurais e os posseiros (GOMES, 2012).

O Brasil, com mais de 520 anos, demonstra desconhecimento e parece ignorar a sociodiversidade nativa contemporânea dos coletivos indígenas. São escassos os veículos e meios para a manifestação diretamente indígena no cenário de cultura e de política nacional. Indígenas que vivem em Terras Indígenas normalmente se situam em regiões de difícil acesso, com costumes originariamente orais de comunicação e muitas vezes com deficitário domínio da língua portuguesa, colidindo com entraves para se expressarem livremente com o mundo dos não indígenas (ORÇO; FLEURI, 2010).

Denota-se que, em que pese um percentual importante de indígenas se localizem na região amazônica, a segunda maior parcela populacional se encontra na região nordestina (COLLET; PALADINO; RUSSO, 2013, p. 29), onde em vez de florestas se encontram outros horizontes, como o cerrado, as beira-mares e as zonas urbanas. Neste sentido, questiona-se: o indígena que reside na cidade, utiliza aparelho celular, possui automóvel e acessa o computador deixa de ser indígena? Muitos indígenas exercem e finalizam seus estudos distantes de suas comunidades originárias e diversos transitam por diferentes regiões e cenários no Brasil e em regiões estrangeiras.

É progressiva a quantidade de organizações não governamentais (ONGs) dirigidas por indivíduos indígenas que absorvem recursos de mobilizações internacionais com o objetivo de promoção de políticas no interior ou exterior do Brasil. Desde a década de 1990 têm se originado diversas entidades coordenadas por indígenas de distintas etnias que trabalham em prol dos direitos dessas comunidades no país e fora dele. Via de regra, tais institutos estão sediados em capitais e grandes polos urbanos do Brasil e, por isso, é relevante recordar que há uma imensa diversidade de status indígenas, das quais o "habitar a mata" é somente uma.

E mesmo quando se habita em um dos territórios indígenas, que não se resume à imprecisa concepção de "floresta", o convívio com outras comunidades indígenas, com estudiosos/pesquisadores e com residentes das cidades próximas, acompanhado da gradativa acessibilidade às tecnologias de comunicação e informação fazem com que seja infundado o conceito de que indígena de verdade é somente aquele vive nu na mata, com uma pena na cabeça, portando um arco e flecha e vivendo em uma oca. Não se deve, porém, dirimir a relevância dessa memória, afinal embora os dados presentes indiquem grande diversidade entre os coletivos indígenas, ainda é muito presente a ideia de que os indígenas "reais" são aqueles que "não teriam sido aculturados", como se sua cultura fosse um bem permanente, estático e que não se alterasse com a passagem temporal com os ditos progressos sociais.

Um brasileiro que estuda outros idiomas, se veste com calça jeans e consome Coca-Cola não deixa de ser brasileiro e nosso dia a dia contemporâneo não é o mesmo que nossos ascendentes viveram. Da mesma forma que podemos nos modificar, ter acesso às novas tecnologias e contato com bens e hábitos vindos de diversos cenários, as comunidades indígenas não precisam permanecer estáticas no tempo e isoladas para que sejam admitidas como tais. Toda manifestação cultural é vívida e inexiste cultura estática, seja ela do homem branco, seja oriunda dos coletivos indígenas. Em outros termos, a identificação cultural de um povo não se edifica em um cenário de afastamento. De maneira diversa, a cultura adquire seu formato quando contraposta a coletivos ou povos distintos, motivo pelo qual irá se alterar. Neste sentido, a identificação cultural deve ser encarada não como algo intrínseco e natural, mas sim sob o enfoque de requisitos históricos e cenários em particular.

Sobre o tema, merece menção ao livro *Ilhas de História* do antropólogo Marshall Sahlins. Tal obra é uma compilação de ensaios do autor a respeito de sociedades como o Havaí, Fiji e Nova Zelândia. No capítulo 5 do referido livro, o autor retrata a história do encontro do Capitão Cook com o povo havaiano e todas as relações envolvidas nesse contato. Sahlins buscou resgatar, para a análise cultural, o acontecimento, a ação e a transformação. De maneira inversa e inversamente, tratou de resgatar para a história, a observação estrutural. Para esse antropólogo, a palavra "estrutura" diz respeito às categorias culturais geradas como uma rede conceitual: um organograma de diferenças e um grupo de categorias (SAHLINS, 1990). Anteriormente ao período de colonização do Brasil, havia entre os autóctones uma tradição de acentuada troca e combinação. Da mesma maneira que essas interações de permuta enrijeciam tais comunidades anteriormente à aproximação com os homens brancos, os intercâmbios estabelecidos atualmente são essenciais para o reconhecimento dos direitos das comunidades indígenas. Nos dias de hoje, vários povos indígenas e encontrados em território nacional transacionam e se mobilizam com coletivos indígenas e não indígenas dentro e fora deles, revigorando e redimensionando enfoques culturais e costumes que lhes são próprios, conforme seus anseios e sua cosmovisão. Tal permuta e a vivacidade que lhe é própria proporcionam uma maior visibilidade e um acréscimo do poderio de barganha das distintas organizações e dos coletivos indígenas que militam por reconhecimento e em prol de seus direitos no país.

De qualquer maneira, é necessário levar em consideração que o relacionamento entre distintos povos e indivíduos também ocorre em cenários de desigualdade de poder. As aproximações entre as comunidades indígenas e a sociedade estão introduzidas em um campo de desigualdade socioeconômica, como é o caso, por exemplo, da relação de tutela que se confere às populações indígenas que habitam o Brasil. A imagem estática dos livros de História do Brasil que fixou os silvícolas no século XVI não tem conexão com os indígenas dos dias atuais, seja devido às transformações que sofreram, seja em decorrência das mudanças promovidas dentro e fora de suas comunidades. Sendo assim, buscar conceituar quem é indígena e quem não é com base em uma identidade estática e relacionada ao tempo pretérito, que não considera a autonomia dos povos indígenas para se delinearem e se redefinirem na evolução da história, significa reeditar uma visão discriminatória e excludente. Em muitas ocasiões, esse enfoque acaba por obstar a esses indivíduos e aos seus coletivos o alcance a direitos fundamentais, como o de ir e vir, ou o de se expressar livremente.

Usar ou não usar cocar, ou mesmo qualquer outro traço identificador indígena, é uma decisão da comunidade ou mesmo do próprio indígena. Entretanto, um não indígena, usar tais elementos sob a alegação de "homenagear-nos" é um argumento pueril, que não pode prosperar. Habitualmente, vemos esse movimento ressurgir com maior robustez durante as festividades do carnaval.

Tal postura não merece prosperar por diversos motivos, citamos alguns deles: i) a cultura indígena não é fantasia, e quando falamos fantasia, usamos o termo nos mais variados sentidos, pois muitas vezes os trajes são utilizados de maneira a sexualizar o/a indígena como seres primitivos, com uma cultura hipersexualizada; ii) fantasia não é homenagem, pois nossas pautas são bem mais amplas, como a luta pela terra, saúde e educação de qualidade; iii) a "fantasia de indígena" reforça o racismo do mito do arco e flecha que expusemos neste capítulo.

3º MITO:

Indígenas não gostam de trabalhar e são preguiçosos, canibais, violentos e matam crianças.

Há mais de quinhentos anos, as comunidades indígenas do continente americano ofereceram resistência de várias formas frente às diversas ações europeias de desenvolvimento ao capitalismo, seja por meio de guerras sangrentas e abertas, combates entre guerrilhas ou mesmo através da sujeição deliberada à prática do suicídio coletivo, sempre com o intuito de conservar sua autonomia econômico-social e/ou cultural.

No contexto de conquista e exploração do denominado Novo Mundo, estas peculiares maneiras de oferecer resistência semearam o germe de diversos entendimentos do suposto caráter do indivíduo indígena, que vai desde o ser dócil, generoso, gentil e honrado até o ser violento, arredio, arisco, ferino e traiçoeiro. Foi criado um tipo de mitologia repleta de preconceitos sobre a questão, com figuras projetadas que até hoje emanam efeitos através do mesmo mecanismo de expansão que seguem submetendo ao indígena, buscando efetuar a integração de nossos costumes e culturas ao passo que tenta deserdá-lo de suas terras e despojá-lo de suas tradições (BORGES; GOUVEIA, 2020).

Certos aspectos da história do Brasil têm sido desconstruídos e vêm sendo substituídos por compreensões em que os indígenas emergem como personagens das evoluções e transformações por eles experimentados. Então, fundamentos históricos, alguns deles até examinados à exaustão, quando vistos de outro ângulo demonstram verdades diferentes das que corriqueiramente foram apontadas como verdadeiras e irrefutáveis.

Primeiramente, cabe destacar que as interações exercidas na América entre indígenas e europeus não podem ser encaradas meramente como relacionamento entre brancos e silvícolas ou selvagens. Isto porque esta perspectiva vulgariza e trivializa um tema que é deveras profundo e embaraçado. As comunidades indígenas brasileiras eram numerosas e cada uma delas com costumes, hábitos, culturas, tradições e composições sociais distintas, o que fazia com que atuassem de diversas maneiras em relação aos estrangeiros.

Os indígenas não se encontram no continente americano à disposição dos que eram provenientes da Europa e, se vários os recepcionaram de maneira aberta e amistosa, dando-lhes comida, presentes e até mesmo companheiras sexuais, não agiram desta forma por credulidade e estupidez. A receptividade à aproximação com o outro é um traço cultural de várias coletividades indígenas americanas, principalmente a *Tupi*. Por outro lado, outros grupamentos apresentavam feições culturais diferentes e alguns agiram de forma muito arredia e hostil com os europeus, como é o caso dos *Guaicurus*, os *Muras* e os *Aimorés*.

Da mesma forma, os europeus que ao Brasil chegaram a partir do início do século XVI também não podem ser encarados como um bloco homogêneo. Foram eles colonos, religiosos em missão, sertanistas, funcionários oficiais da Metrópole e autoridades coloniais. Cada um deles tinha anseios diferentes em relação à nova colônia portuguesa e não lidavam com os indígenas todos da mesma maneira. Para os europeus o Brasil Colônia era um novo espaço em formação, de maneira que um influenciaria o outro de forma mútua ensejando transformações. Nos momentos iniciais de colonização, que em cada região brasileira ocorreu em um período, os lusófonos se mostraram deveras dependentes dos indígenas, que, ao que parece, em determinadas situações perceberam isso e utilizaram esse fato em seu benefício (ALMEIDA, 2010).

Não pode ser desprezada a constante evolução da vivência de aproximação entre o silvícola e o homem branco, afinal as pretensões e desejos dos diversos vetores sociais que se relacionavam no Brasil colonial, incluídos os indígenas, alteravam-se por meio do dinamismo da colonização e das interações entre eles. Entre os séculos XVI e XIX as condutas e atuações dos agentes sociais eram provocadas por estímulos que se alternavam e que podiam ter importância distinta dependendo do momento e do local. É inviável e impróprio querermos tratar de um histórico indígena geral, afinal a riqueza e multiplicidade nos evidencia a numerosa quantia de trajetórias em diferentes marcos temporais bem como as incontáveis ligações de variados coletivos indígenas em diversas regiões.

A desumanização e outros procedimentos excludentes estruturam-se essencialmente em dois mecanismos: a **categorização social** e o **essencialismo**. Por meio da categorização social é possível unir objetos, indivíduos e ocorrências sociais em agrupamentos que se equivalem em relação às atuações, anseios e sistemáticas de pensamento da pessoa. Já o essencialismo diz respeito à propensão a comportar-se e raciocinar como se tudo tivesse algo intrínseco que as transformam no que são.

Os procedimentos sociais de ordenação especificam indivíduos em agrupamentos: os chamados endogrupos (coletivos em que o indivíduo faz parte) e os exogrupos (coletivos de que não faz parte). A cada categorização que segrega "nós" e "eles", somam-se figuras que possibilitam retratar os demais como distintos de nós. Tais representações são os lugares-comuns, os estereótipos, que podem ser delineados como um grupo de atributos que são relacionados a um estrato social. No exame dos estereótipos e do preconceito, convém destacar a asserção da dissolução entre as convicções individuais e coletivas. Nessa esteira, nunca é demais lembrar que cada indivíduo, enquanto ser humano, seja lá quem seja, merece todo o respeito dos demais.

As convicções do senso comum a respeito de coletividades, os chamados estereótipos culturais, que são visibilizados nos processos socializantes, numerosas vezes resultam em preconceitos, mesmo que sejam rechaçadas pelas convicções pessoais. Neste sentido, os clichês estereotipados podem ser particulares ou culturais, positivos ou pejorativos. Determinados tipos pejorativos de estereotipia afastam as coletividades retratadas daquilo que define os seres humanos (cultura) para associá-los daquilo que é tipificado como próprio dos animais ou de coisas que carecem de vivacidade (natureza). Quando as projeções que se desenvolvem por relações de diferença e de contraste vêm à tona, depara-se com a ocorrência da desumanização, que é definida pela total negativa de humanidade aos demais.

O fenômeno da desumanização resulta da fixação de hierarquias e estratos entre as coletividades, como um indivíduo acreditando ser mais humano que o próximo. Neste cenário, um dos círculos pessoais distingue-se como dotado de qualidades especiais, ao passo que desconhece no outro a presença de tais características. Assim, a desumanização pode ser compreendida como um procedimento de concepção e entendimento do próximo, categorizado como minoria num cenário de vínculo desigual de poder, que condiciona à consumação e validação de diversos meios de violência, refletindo-o como não-humano, animalesco, diabólico, coisa/objeto, mensageiro da maldade, que há de ser isolado e preso ou exterminado[7] (LIMA; FARO; SANTOS, 2016).

Com relação ao Brasil, o primeiro contato relatado entre brancos e indígenas se deu em 22 de abril do ano de 1500. Era uma tarde chuvosa, em uma quarta-feira, quando os portugueses foram recebidos por silvícolas Tupiniquins (depois denominados como etnia Tupiniquim), que demonstrando amizade e surpresa lhes presentearam com iguarias e agrados, embora apresentassem também insegurança e dúvidas sobre as intenções dos portugueses e sobre o destino.

Embora desiludido por não ter notado a existência de metais preciosos, o escrivão Pero Vaz de Caminha declarou por escrito que os nativos encontrados eram sadios e limpos, seguindo a mesma linha do outrora descrito pelo navegador italiano Cristóvão Colombo ao desembarcar na ilha de Guanahani com alguns anos de antecedência, ao afirmar que os ameríndios avistados e contatados eram pacíficos e amáveis, jurando às autoridades reais que não poderia haver povo melhor. Colombo também afirmara que os ameríndios se amavam uns aos outros e que se expressavam de forma amena e gentil, sempre providos de sorriso e, em que pese se apresentassem nus, tinham modos adequados e apreciáveis.

Esta concepção sobre os nativos contatados pelos europeus, seja nas ilhas caribenhas, seja na costa brasileira, permaneceu apenas até o momento em que os indígenas

---

[7] A desumanização do sujeito transformando-o em indivíduo nos remete a uma digressão acerca do tema: o indivíduo é aquele que, dentro de um corpo social, age consoante seus interesses próprios, sendo vendado de uma visão ampla de todos os que o cercam; já o sujeito, ao contrário, é aquele que contempla a dimensão da pessoa humana e dos direitos inerentes a essa e que no plano de escolha lança esses elementos para que, em sua decisão, possa abrir mão de seus anseios individuais em detrimento do coletivo.

se comportaram como bons anfitriões e ofereceram sua força de trabalho a favor dos anseios de exploração sobre as colônias. Neste estágio de contato, em que prevaleceu certa diplomacia política entre as duas partes, os esforços físicos indígenas eram retribuídos com entrega de carregamentos de utensílios até então desconhecidos e que se mostraram muito úteis a eles, como machados, facas e facões. Então, naquele momento, o escambo do trabalho braçal por instrumentos e ferramentas atendeu às vontades dos dois grupos, de forma que de início não houve modificação da composição das comunidades indígenas e de suas estruturas histórico-sociais.

Convém refletir que alguns indivíduos nativos de determinadas composições sociais, como as das Planícies e Terras Baixas Amazônicas (também chamadas Baixos Platôs e Planícies da Amazônia) estavam inseridos economicamente no que Karl Marx e Engels (2010) atribuíram como comunismo primitivo, ou seja, havia o compartilhamento de todos os recursos naturais encontrados, assim como de todas as riquezas obtidas deles. Entretanto, no momento que os conquistadores europeus reivindicaram uma força de trabalho obediente ao seu dispor para cumprir as iniciativas coloniais, estes mesmos indígenas que outrora eram chamados de "bons selvagens", afinal demonstravam ser serenos e gentis, passaram a ser vistos como animais agressivos e indolentes que só respondiam ao estímulo da violência e da força. Assim, duas percepções antagônicas passaram a ser tidas na América Colonial no que diz respeito aos nativos, sendo elas oriundas de dois imaginários de ser humano em um deslocamento oscilante entre o que se pode chamar de "bom" e "mau" selvagem. Tal conceito de "bom" e "mau" selvagem seu deu por meio do desenvolvimento de estereótipos, em que o "bom selvagem" diz respeito àquele indivíduo da terra que de um jeito ou outro é dotado de atributos e condutas comuns ou similares com os da coletividade europeia, ao passo que o "mau selvagem" é aquele com propriedade e maneiras singulares, diferentes e primitivos na visão de mundo ocidental (BORGES; GOUVEIA, 2020).

Deste modo, desde o final do século XV com a chegada de Cristóvão Colombo às ilhas das Caraíbas (Antilhas), os estereótipos do "bom" e do "mau" selvagem começam a ser concebidos, por meio de duas ideologias concorrentes que se apresentaram e se confrontaram, tendo como exemplo o debate histórico que foi travado em Valladolid-Espanha em meados do século XVI entre o frei dominicano Bartolomeu de Las Casas e o jurista Juan Ginés de Sepúlveda, tendo como finalidade elucidar à Igreja Católica e à Coroa Espanhola se os habitantes do Novo Mundo possuíam ou não almas. Se por um lado Las Casas, profundo defensor dos indígenas cubanos, afirmou que estes eram indivíduos dotados de humanidade superior à europeia, Sepúlveda aduziu que estes não possuíam almas, razão pela qual não poderiam ser considerados seres humanos, justificando assim seu aprisionamento na condição de escravos (JESUS, 2014).

O Instituto Histórico e Geográfico Brasileiro (IHGB) é a mais antiga e tradicional entidade de fomento à pesquisa e preservação histórico-geográfica, cultural e de ciências sociais do Brasil, tendo sido fundado em 1838. Para Lilia Schwarcz (1998), a criação de tal Instituto se deu em decorrência de um anseio do Imperador Dom Pedro II de estabelecer as autênticas História e Cultura nacionais. Nesse sentido, o IHGB teve o intuito de firmar uma historiografia de um Brasil tão recente tendo como pano de fundo um histórico de figuras e grandes personagens sempre festejados como verdadeiros heróis nacionais. As ações praticadas pelo Instituto e os documentos e textos divulgados atestam a enorme demanda de materializar uma história exposta como sendo a oficial, atada ao projeto desenvolvimentista a que o Brasil se inclinava.

Nesses termos, no contexto das discussões travadas no século XIX, a pedra fundamental da nacionalidade pautou-se em atribuir lugares sociais próprios aos diferentes conjuntos de pessoas que integravam a sociedade brasileira e em construir uma ciência social que explicasse tal postura.

Uma característica das produções do século XIX é a consideração dos indígenas como os indivíduos do passado selvagem, remontando às referências da cultura silvícola/aborígene nos estágios inaugurais de contato e aproximação entre eles e os europeus. Neste sentido, esboçou-se inquietação para conhecer os indígenas que foram reduzidos a "escombros" de povos pretéritos, produtos de uma ruína ética, moral e civil. O esforço de desmerecer e menosprezar a história e tradição indígena no mencionado século é resultado do dissabor ocorrido entre as elites brancas e as comunidades indígenas que ofereceram resistência à interferência do Estado brasileiro. Nesse sentido, dissertou Lúcio Tadeu Mota (1998):

> No século XIX, a construção do Estado nacional foi levada adiante pela eficácia da persuasão ou pela força da guerra. A expansão agropastoril, em territórios ainda não conquistados aos índios, fez parte dessa construção. Novas áreas foram ocupadas, novos territórios incorporados, e o Estado nacional trabalhou no sentido de demarcar essas novas fronteiras, fazendo-se presente nesses territórios. A ocupação de territórios indígenas, a modernização e as ideias de europeização foram

práticas que marcaram a sociedade nacional no século XIX. Dessa forma, as populações indígenas tornavam-se um obstáculo para a consolidação desse Estado em expansão. (MOTA, 1998, p. 01)

Tendo a produção historiográfica nacional no âmbito do IHGB[8] sido pautada no episódio de contrastes sociais próprios das polêmicas do século XIX, decorrentes da postura governamental de ofensiva contra comunidades indígenas (principalmente a etnia dos *Botocudos*), pode-se compreender o motivo da admissão de posturas pejorativas em relação aos indígenas e o porquê da intenção de se resgatar a projeção que se fazia do indígena remotamente, retratada, de sobremaneira, nos romances indigenistas brasileiros produzidos no século XIX. Sobre isso, rememora-se a constância e assiduidade dos indígenas da etnia guarani nos romances de José de Alencar intitulados *O Guarani* e *Iracema*. Estes festejados romances literários não retratam, infalivelmente, a cultura indígena do seu momento temporal, afinal foram eleitos personagens sociais que seriam apresentados nos escritos.

A maneira do indivíduo da terra agir, o seu pensamento, a sua virtude, a sua alimentação e seus adornos são oriundos da natureza que o envolve. Como é notável em várias passagens escritas por Alencar em suas obras indigenistas, através das falas dos seus narradores e dos próprios indígenas retratados, estes são selvagens das matas do Brasil, senhores das florestas, livres, ou seja, todos os seus predicados são obtidos da natureza brasileira que unicamente alguém puro, desprovido de grandes influências da civilização,

---

[8] Importante é a observação de que referida produção historiográfica se diferencia da historiografia acadêmica, que só ganhou algum relevo no século XX, após a criação da Universidade de São Paulo – USP.

poderia dispor. Cabe aqui reprodução de trecho da obra *O Guarani* de José de Alencar que possui descrição poética do personagem indígena Peri (ALENCAR, 1958. v. 2, p. 165/166):

> *Álvaro fitou no índio um olhar admirado. Onde é que este selvagem sem cultura aprendera a poesia simples, mas graciosa; onde bebera a delicadeza de sensibilidade que dificilmente se encontra num coração gasto pelo atrito da sociedade? A cena que se desenrolava a seus olhos respondeu-lhe; a natureza brasileira, tão rica e brilhante, era a imagem que produzira aquele espírito virgem, como o espelho das águas reflete o azul do céu.*
>
> *(...)*
>
> *Com efeito, o que exprime essa cadeia que liga os dois extremos de tudo o que constitui a vida? Que quer dizer a força no ápice do poder aliada à fraqueza em todo seu mimo; a beleza e a graça sucedendo aos dramas terríveis e aos monstros repulsivos; a morte horrível a par da vida brilhante? Não é isso a poesia? O homem que nasceu, embalou-se e cresceu no berço perfumado; no meio de cenas tão diversas, entre o eterno contraste do sorriso e da lágrima, da flor e do espinho, do mel e do veneno, não é um poeta? Poeta primitivo, canta a natureza na mesma linguagem da natureza; ignorante do que se passa nela, vai procurar nas imagens que tem diante dos olhos a expressão do sentimento vago e confuso que lhe agita a alma.*

Tal postura de representação de tipos sociais adotada por parcela dos romancistas estava diretamente ligada aos alvos de estética, história e literatura daquela época.

Então, a construção de tramas de maneira diversa do que foi feito com outros tipos socais e com motivações diversas cumpria a satisfação dos conceitos propalados pelo Instituto Histórico e Geográfico Brasileiro. Por isso, hoje é necessário decolonizar a ficção que a leitura colonial narra de personagens reais e não decolonizar personagens ficcionais.

Nos dias de hoje, reconhecer a condição do sujeito indígena é uma maneira de trabalhar com sua temática, abandonando o conceito de indígena enquanto alegoria social, coisa que possui efeito negativo quando se reflete sobre a etapa inaugural de construção de conceitos. No processo de formação de juízos de valor e conceitos, é fundamental que sejam fixadas relações entre o que uma criança já sabe e conhece e o que lhe é proposto externamente, por meio da inferência pedagógica, de modo a se obstar meios arbitrários e demonstração de concepções e princípios desprovidos de significado, que acabam sendo reproduzidos mecanicamente. O estabelecimento de imagens que desumanizam é o pressuposto fundamental do preconceito, ao lado da sensação de ameaça oriunda da relação de domínio de um grupo sobre o outro (ALVES, 2015).

O preconceito pode ser definido como um tipo de sentimento oriundo de determinados pressupostos nas relações intergrupais: a) o senso de superioridade em detrimento do outro o insere em um *status* de inferioridade; b) a ideia de diferenciação estabelece um distanciamento simbólico de um indivíduo em relação ao outro; c) o sentimento de propriedade ou de posse destitui o próximo das prerrogativas de sua posição; d) a sensação de temor é oriunda da percepção de ameaça da posição de subjugação pelo outro (LIMA; FARO; SANTOS, 2016).

Segundo a teoria do Senso de Posição de Grupo de Herbert Blumer (1958), o estabelecimento de imagens e sentimentos entre grupos é caracterizado pelo distanciamento e pela aproximação física e figurada entre os grupos envolvidos, já que esses referenciais (distância e proximidade) podem causar ameaça à posição do grupo. Neste sentido, pode-se afirmar que o "alienígena" ou "estrangeiro" é um indivíduo que está ao mesmo tempo próximo e distante de nós, afinal mesmo que esteja fisicamente próximo, perdura a distância cultural. Assim, a construção da diferença é conduzida internamente pelos grupos como meio de conservação do "endogrupo" e externamente como meio de rebaixamento e depreciação do "exogrupo".

Ao contrário do que muitas pessoas ainda pensam, as comunidades indígenas são agudamente ativas, produtivas e engenhosas. Denota-se, em seus mitos e mesmo no seu dia a dia, o desdém que emanam por indivíduos que não buscam por condições de sustentarem suas famílias, por aquele que não desempenha nenhum ofício e não produz ou pela pessoa que não executa seus afazeres. Exemplificando, para um indígena se casar, é essencial que o indivíduo seja trabalhador, possa sustentar e que cuide de sua família. No Mato Grosso do Sul, por exemplo, mas não só ali, os indígenas trabalham muito fora das Terras Indígenas, normalmente em atividades muito penosas como o corte de cana, a colheita de maçã, a construção civil, a coleta de lixo, os serviços domésticos etc.

Questiona-se, então, por que é que até hoje se difunde a ideia de que os indígenas são preguiçosos. Isto se deve ao nosso desconhecimento geral de suas culturas e ao fato de os encararmos sob o enfoque de nossa cultura. Tal enfoque é pautado nos alicerces capitalistas, no conceito de lucro, na acumulação e no desenvolvimento erigido sob os ideais da tecnologia ocidental, ignorando suas demais formas e compreensões. Por este motivo é bem complicado contemplar um corpo social que se satisfaz com os únicos bens de que dispõe e não labora incansavelmente para reunir outros ou fazer com que seus demais integrantes os acumulem para seu favor. Uma família indígena, no plano ideal, ressalvadas algumas exceções, não labutará mais a fim de gerar excedentes se já possuir condições de sobreviver, realizar festividades e se manter com o que já produziu.

Compreende-se então o motivo de a sociedade capitalista se inquietar tanto com o modelo econômico produtivo indígena: se todas as pessoas assim vivessem, não haveria produção excedente, expansão do comércio, a mais-valia, a renda, o consumismo, o lucro, a hora extra, ou seja, tudo aquilo que mantém as bases do Capitalismo.

Verifica-se que hoje existem muitos indígenas atuando como docentes, profissionais de saúde e advogados, enquanto outros atuam em áreas rurais cultivando a terra, lidando com a pesca ou com a pecuária. A concepção de que os indígenas são preguiçosos é oriunda, então, da ignorância a respeito de suas maneiras de vida, do prejulgamento e do etnocentrismo de uma coletividade colonizadora que classifica os demais sob o crivo de seus próprios juízos, ou seja, a produtividade sem limites de bens de consumo e o abuso da força de trabalho indispensável à sua reprodução. Além disso, o conceito de que os indígenas não gostam de trabalhar e que são indolentes é reafirmado pela mídia de massa quando, ao retratar disputas envolvendo indígenas e proprietários rurais, diz que terras produtivas correm risco de se tornarem improdutivas. Esta espécie de discurso se pauta na discriminação aqui tratada, buscando retratar o indígena como aquele que é mandrião e avesso à produtividade, sendo por isso inimigo dos interesses nacionais de progresso e desenvolvimento.

O mecanismo de produtividade em que se baseia o sistema capitalista gera benefícios apenas a uma pequena elite agrária e financeira e não aos brasileiros de modo geral. Em contrapartida, as terras indígenas também são produtivas, porém em prol de seus habitantes e em conformidade com seu modo de vida. É possível refletir sobre as diversas formas de resistência que os indígenas colocaram em prática e que até os dias de hoje ainda exercitam à laboração que lhes foi e é imposta. Quiçá isso possa ser encarado como uma maneira de refusar a extorsão e a subjugação peculiares à labuta colonizadora ou capitalista. Outrossim, notamos também que as comunidades indígenas não são primitivas, violentas, arcaicas ou selvagens e nem representam formato primitivo de humanidade. As práticas culturais, idiomas e composições sociais indígenas são tão elaborados e multifacetados como quaisquer outros. Não é prova de inferioridade que os indígenas não tenham desenvolvido aparatos tecnológicos, afinal seus conhecimentos e saberes são deveras aprimorados em diversos campos, como é o caso da botânica, medicina, composição política, filosofia, engenharia e astronomia. Se encarados de perto e com profundidade, haverá espanto com tamanha sabedoria. Grande quantidade desses conhecimentos é inclusive usada por cientistas não indígenas para a composição de medicamentos e cosméticos, em alternativas sustentáveis na prática agrícola e em manejos de construção, por exemplo.

A sociedade pautada nos moldes do Capitalismo possui uma cosmovisão que privilegia o excedente de pertences, estressando e impactando os recursos naturais. Em contrapartida muitos indígenas dão prioridade à comunhão e à composição da família e buscam aprimorar competências e atividades que lhes possibilitem viver conforme tais princípios. O episódio histórico de os europeus terem colonizado o Brasil não é nenhuma comprovação de superioridade (COLLET; PALADINO; RUSSO, 2013).

A supremacia bélica, que é oriunda de uma maneira muito própria de encarar o mundo e as diferenças, é resultado de uma perspectiva que predica a supressão da diversidade e a subjugação do que é distinto. Entretanto, isto não significa de forma alguma superioridade. Inclusive, é relatado por antropólogos que o relacionamento de agrupamentos indígenas com aquele que é diferente é o de prezar em vez de exterminar, é incorporar e, assim, expandir a sua capacidade. Sendo assim, a extinção do próximo, o outro, não faz parte das intenções dos indígenas, ao passo que o que almejam é aprender com aquele que é diferente, sem arruiná-lo.

4° MITO:

Indígenas possuem muitas terras!

"E o caminho é o progresso: essa ideia prospectiva de que estamos indo para algum lugar. Há um horizonte, estamos indo para lá, e vamos largando no percurso tudo que não interessa, o que sobra, a sub-humanidade – alguns de nós fazemos parte dela". Ailton Krenak (2020, p. 10)

Comumente ouve-se a frase "há muita terra no Brasil para pouco índio" e tal expressão geralmente suporta os seguintes conceitos: a) as comunidades indígenas detêm terras em demasia; b) as terras indígenas estão aquém de sua capacidade produtiva, são subutilizadas e constituem um obstáculo ao desenvolvimento, seja porque os indígenas são indolentes e incompetentes para explorá-las de maneira adequada, seja porque o quadro legislativo vigente obsta sua exploração; e c) as terras indígenas situadas nas faixas fronteiriças do Brasil são passíveis de invasão, deixando em situação arriscada a soberania nacional. De maneira geral, esta espécie argumentativa é sustentada por agropecuaristas, latifundiários, madeireiros e grandes corporações extrativistas, ou seja, frações da população que possuem anseios econômicos e almejam apropriar-se das áreas indígenas e das riquezas ambientais nelas constantes[9].

Porém, não são somente as elites financeiras que propagam referidas ideias, ao passo que a imprensa e mídia brasileiras têm sido largamente responsáveis por divulgarem e tonificarem manifestações em favor das mesmas. Nesse sentido, convém ressaltar que o entusiasmo sobre as faixas territoriais indígenas não se limita às elites

---

[9] Nesse sentido, o texto de João Pacheco de Oliveira "Muita terra para pouco índio" bem retrata o que aqui dissemos. Disponível em: <http://biblioteca.funai.gov.br/media/pdf/Folheto44/FO-CX-44-2762-2000.pdf>. Acesso em: 18 mar. 2021.

rurais locais que disputam sua posse ou utilização, uma vez que mencionados segmentos possuem representação, suporte e robustez no Congresso Nacional e de certa forma simpatia nos tribunais brasileiros (COLLET; PALADINO; RUSSO, 2013).

A modernidade como se tem conhecimento se deu com o desembarque dos europeus na América e com ela atracaram intuitos civilizatórios que pautaram a exploração e o esbulho. A tomada e a conquista deste território para o modelo econômico capitalista nacional e estrangeiro são componentes deste modelo civilizatório moderno. Os colonizadores e seus sucessores se enxergam como aqueles que desenvolveram os rincões do país (que outrora eram somente vegetação), para se tornarem locais civilizados. Em razão disso, os indígenas não são encarados como credores desse processo, mas apenas como representantes de um tempo pretérito atrelado ao atraso e ao fracasso.

A correlação de episódios históricos aqui citados é menos pomposa do que a arte da gravura que é emoldurada. Na prática, foi observado um atroz apoderamento do território ocupado pelos povos indígenas e a estes se deixou somente os encargos desse processo. Após décadas de uma invasão historicamente reconhecida, mesmo com o direito constitucional de reaverem ao menos uma parcela dessas terras, em realidade o que se nota é o Estado e seus poderes Executivo, Legislativo e Judiciário, atuando de maneira orquestrada para impossibilitar o ingresso dos indígenas na terra, transvertendo em letra morta o teor do art. 231 do Texto Constitucional (MOTA; CAVALCANTE, 2019).

Tem-se observado que a sociedade brasileira passou a discutir com veemência nas últimas décadas a questão da demarcação de "terras indígenas". De um lado localizam-se os que demonstram estar radicalmente contra este ato por entenderem que ele retrata um ultraje ao direito de propriedade, além do fato de alegadamente obstar a inserção dos conceitos liberais e pró-desenvolvimento. Do lado diametralmente oposto estão as comunidades indígenas e seus adeptos, que requerem a consolidação dos direitos territoriais indígenas que lhes foram assegurados por meio do art. 231 do Texto Constitucional de 1988. Apesar desse entrave caloroso, a expressão "terra indígena" é claramente desconhecida enquanto termo jurídico para a maior parte da população brasileira, embora esteja repleta de significação histórica, sendo que o termo está disposto em nossas Constituições apenas desde 1934.

O termo "terra indígena" é constantemente empregado de maneira equivocada, tornando ainda mais difícil o progresso a fim de que se obtenha uma solução para os entraves causados em torno dos procedimentos de reconhecimento e demarcação de terras. A expressão vem sendo usada de forma indistinta e sem o devido entendimento até mesmo por parte de alguns indigenistas, profissionais e militantes que tratam do tema rotineiramente. Em decorrência dessa situação, termos como "aldeia", "aldeamento", "terra indígena", "reserva indígena" e "área indígena" são utilizados com incerteza e sem qualquer distinção (CAVALCANTE, 2016).

Nas derradeiras décadas do século XX, os constantes conflitos fundiários envolvendo indígenas e não indígenas nos limites do crescimento econômico dos países que sofreram colonização reacenderam a discussão nacional e internacional a respeito dos direitos originários dos povos. Os anseios desses povos foram em parte atendidos em Declarações Internacionais de Direitos e Constituições, tendo a título de exemplo a Constituição Federal brasileira de 1988. Entretanto, no Brasil, em que pese os progressos constitucionais, não se abordou a autonomia de cunho político destes povos, o que poderia ter havido, por exemplo, com a instituição de uma "justiça indígena". Afinal o Poder Judiciário rejeita qualquer tipo de ânimo de reconhecimento de autodeterminação (CUNHA; BARBOSA, 2018).

Em que pese o vigor do Texto Constitucional, percebe-se que ele isoladamente não é hábil para garantir a efetivação dos direitos que prevê. Tal fato fica ainda mais claro por meio de uma ligeira leitura que confere aos direitos indígenas somente o capítulo próprio da Constituição, como se tais direitos especiais fossem os únicos cabíveis a tais coletividades e tivessem que se sujeitar a célebres institutos, por meio de um entendimento eurocêntrico. Tal interpretação incide nos desacertos do multiculturalismo liberal, afinal traz consigo disfarçadamente a proposição de que a Constituição diz respeito quase que inteiramente sobre uma ideia de "nós", que são os brancos e suas compreensões hegemônicas, e que alguns capítulos procuraram excepcionalmente fornecer um olhar a "eles", os indígenas e os quilombolas, cujos direitos, para ser fixados, devem estar subjugados aos direitos do grupo que assume posição superior no sistema hierárquico (JUNIOR, 2018).

O caminho da regulamentação jurídica da titularidade de terras indígenas lhes fornece um caráter especial e é acolhida, desde o período colonial, por leis e alvarás régios, tendo como ponto de partida a presença indubitável dos povos que as habitavam, em momento anterior à conquista europeia. Entretanto, a inexistência de qualquer menção à posse e ao domínio das terras indígenas nos códigos civis brasileiros mostra, de maneira indiscutível, que os referidos códigos não são portadores de ferramentas categoriais e conceituais para classificá-las e regulá-las devidamente no regime de posse civil e propriedade privada, concebido no caminho de formação histórica da modernidade europeia. Em razão disso o tema é regulamentado pela Constituição e por legislação específica.

Sobre a demarcação de terras indígenas.

Na entrada da vigência do século XX, os indígenas eram encarados como pessoas transitórias, não havendo pelo Estado nenhum tipo de preocupação em serem escolhidas terras de ocupação tradicional e, em certos casos, não houve sequer atenção à possibilidade de abastecimento de água potável, tendo sido feitas demarcações de áreas que não possuíam nenhum curso d'água, como foi o caso, por exemplo, da Reserva Indígena Limão Verde localizada em Amambai-MS. De igual forma não houve o cuidado e a devida atenção ao tamanho das áreas para que fossem hábeis a suprir as necessidades dos indígenas no futuro, afinal acreditava-se que eles seriam assimilados e se tornariam trabalhadores rurais assalariados sem qualquer distinção perante os outros trabalhadores braçais e inseridos de maneira precária no mercado regional.

Cabe reproduzir aqui a inquietante fala de Ailton Krenak (2019):

> *Enquanto isso, a humanidade vai sendo descolada de uma maneira tão absoluta desse organismo que é a terra. Os únicos núcleos que ainda consideram que precisam ficar agarrados nessa terra são aqueles que ficaram meio esquecidos pelas bordas do planeta, nas margens dos rios, nas beiras dos*

> oceanos, na África, na Ásia ou na América Latina. São caiçaras, índios, quilombolas, aborígenes – a sub-humanidade. Porque tem uma humanidade, vamos dizer, bacana. E tem uma camada mais bruta, rústica, orgânica, uma sub-humanidade, uma gente que fica agarrada na terra. A organicidade dessa gente é uma coisa que incomoda, tanto que as corporações têm criado cada vez mais mecanismos para separar esses filhotes da terra de sua mãe. (KRENAK, 2019, p. 21/22)

A origem de algumas reservas indígenas se deu no cenário de pós-guerra da Tríplice Aliança contra o Paraguai. Nesse momento, o Estado brasileiro empregou diversos empenhos para ocupar com não-indígenas a área fronteiriça com o Paraguai e em razão disso os indígenas foram sucessivamente forçados, em decorrência de várias motivações, a se deslocar para os aldeamentos instituídos pelo governo. Quarenta anos depois, após a criação do SPI em 1910, a criação de reservas indígenas com abrangência nacional se intensificou. Em um primeiro momento, nas Reservas Indígenas criadas pelo SPI para os *Kaiowa* e *Guarani* do atual MS, não se verificou superpopulação nas reservas indígenas, já que boa parte das comunidades indígenas teve sucesso em resistir em seus lugares originais de assentamento ao menos até a década de 1940, momento em que a maior parte dos coletivos passou a ser removida de suas terras.

Entre os *Kaiowa* e *Guarani* do atual MS, muitos indígenas ainda puderam continuar em fundos de fazendas e em muitas ocasiões oferecendo serviços para seu próprio despojador. Entretanto, com o aparecimento das requisições por demarcações de terras indígenas, que passaram a ser realizadas na segunda metade da década de 1970, a maior parte dos fazendeiros procurou formas para finalizar a retirada dos indígenas, já que sua presença passou a ser vista como uma grande intimidação. Em que pese isto tenha ocorrido, mesmo que em quantidade muito menor, ainda é possível localizar famílias indígenas vivendo em fazendas (CAVALCANTE, 2014).

Numerosos povos foram transferidos de seus territórios tradicionais, em função da construção de rodovias, represas hidroelétricas e outras intervenções que supostamente buscavam trazer o "desenvolvimento" e "progresso" da região. Tal transposição colocou em risco a subsistência de famílias e povos inteiros. Enfermidades e falecimentos não foram somente uma consequência da coação física e da alteração ambiental e alimentar que essa transferência, na maioria dos casos, ocasionou. Ocorreram muito mais males e deve-se compreender o sentido profundo que o território representa para os povos indígenas, o que sob a concepção ocidental é algo complicado de se compreender.

A sociedade do Ocidente, especialmente a capitalista, encara a terra como sendo uma propriedade, ou seja, algo possível de ser comprado, alienado, cambiado e explorado até seu esgotamento. Por conseguinte, a um latifundiário, por exemplo, não faz muita diferença possuir certa faixa de terra ou qualquer outra, se as duas possuírem iguais dimensões e o mesmo potencial de produção. Por seu turno, as comunidades indígenas não se associam à terra como sua propriedade. Isto porque eles se sentem componentes do território em que habitam e possuem em relação a ele uma vinculação não somente econômica, como o meio que lhes assegura a subsistência, mas também sentimental, pois nele residem também seus ancestrais, seres vivos e espíritos que compõem sua sistemática de crenças e seus mitos e rituais (COLLET; PALADINO; RUSSO, 2013).

Predomina no Texto Constitucional um molde que prima pela autonomia e valoração aos meios de vida das comunidades indígenas, sem que haja diferenciação entre os níveis de integração[10]. O ponto de vista tutelar, que chegou a perdurar em alguns projetos na Assembleia Constituinte, foi preterido nas votações finais, possibilitando um texto que desembaraça uma nova perspectiva para as comunidades indígenas (JUNIOR, 2018).

A segunda metade do *caput* do art. 231 da Constituição Federal reconhece ainda *"os direitos originários sobre as terras que tradicionalmente ocupam, competindo à União demarcá-las, proteger e fazer respeitar todos os seus bens"*. Direito originário quer dizer um direito desde o nascimento, um direito congênito, sendo então anterior a qualquer outro direito. Essa é a abrangência da afirmativa constitucional. A Constituição foi inovadora no que diz respeito aos pressupostos para a discriminação de uma terra como sendo indígena. Se anteriormente era posta como condição a imemorialidade, referido artigo trouxe como pressuposto essencial a tradicionalidade. Isso quer dizer que as comunidades indígenas possuem direito sobre suas terras tradicionais. O próprio Texto Constitucional no § 1º do citado artigo definiu o conceito de tradicionalidade, ou seja, terra indígena não é criação inventiva da FUNAI ou de estudiosos de Antropologia como sussurram algumas vozes, mas é resultado do próprio comando constitucional, tendo então seu parâmetro definido por ele (AMADO, 2015).

---

[10] A negativa de direitos como o de usufruto do subsolo, que dá causa à exploração da mineração, com lei reguladora que até os dias de hoje não foi promulgada e a remoção de cláusula da plurietnicidade não chegaram às vias de transfigurarem os horizontes constitucionais, composta por atributos de valoração e desobstrução à variedade cultural de coletivos que possuem identidades específicas, cujas organizações, entidades e meios de vida devem ser entendidos de maneira livre.

Aqui cabe transcrição do que foi afirmado por Tercio Sampaio Ferraz Junior (2004):

> *O art. 231 da CF fala em direitos originários sobre as terras que tradicionalmente ocupam. Trata-se de direitos subjetivos, reconhecidos ("São reconhecidos aos índios..."). Ao reconhecê-los, não os cria, mas os aceita tal como preexistiam. A formulação não deixa de ser ambígua, posto que implicaria, de um lado, o uso de uma expressão cuja formação é própria da cultura ocidental (direito subjetivo, direito natural) e, de outro, sua aplicação a uma situação subjetiva própria, que não se confunde com aquela conformação dada pela civilização. Na verdade, o que se reconhece é um direito num sentido transposto, uma situação jurídica de contornos dados pela noção técnica, da cultura ocidental, de diversidade. Trata-se da afirmação da capacidade humana de reger o próprio destino, expressando sua singularidade, ser distinto entre seus iguais. De um lado, direito num sentido desenvolvido pela técnica jurídica civilizada, mas esclarecido conforme o modo de ser dos índios. Nesse sentido, tais direitos não são estruturalmente diferentes dos direitos fundamentais do art. 5º da CF, estes também, como afirma dominantemente a doutrina, reconhecidos. Portanto, não se lhes sobrepõem nem lhes são subordinados, mas equiparam-se a eles em dignidade. Compõem-se, com eles, em harmonia. No particular, têm a ver com a proscrição da discriminação e a proteção das minorias. (JUNIOR, 2004, p. 692)*

Os direitos sobre o território foram resguardados com a fixação de um prazo de cinco anos para que ocorra a finalização dos procedimentos demarcatórios (art. 67 do Ato das Disposições Constitucionais Transitórias – ADCT). A titular formal da terra é a União Federal, a ser atestada no procedimento administrativo de demarcação, relacionado ao teor declaratório da ocupação indígena de maneira tradicional. O § 3º do art. 231 da Constituição Federal afirma que o uso de recursos hídricos e minerais, que retrata um óbice ao aproveitamento do território em prol de uma intrusão do Estado, sujeita-se à promulgação de lei, que até o momento não foi regulamentada. Não existe previsão a respeito do relacionamento dos territórios com os entes federativos, assim como também não existe nenhuma menção à representação política dos indígenas (JUNIOR, 2018).

As reservas igualmente se tornaram tipos de centros assistenciais para onde se se encaminhava e ainda hoje se encaminha grande parcela dos fundos públicos designados ao atendimento das comunidades indígenas nos campos da saúde, assistência social, a estímulos de produção agrícola e à segurança alimentar. Ademais, as organizações não governamentais também priorizam o desempenho destas atividades nestes lugares. O prometimento de acolhimento foi utilizado como premissa para o chamamento de famílias indígenas que para sua direção foram no anseio de serem atendidas pela Administração Pública e por ONGs, algumas delas atuando desde o começo do século XX nas esferas assistenciais, de saúde e de educação, além de desempenharem a pregação religiosa.

No que tange à situação da atualidade, a política assimilacionista do Estado brasileiro colocada em execução ao menos até o ano de 1988 trouxe como resultado um estado de severa dependência da população em relação às ações estatais. É raro que se encontre algum tipo de vida autônoma nestes espaços, como é o caso das reservas indígenas dos *Kaiowa* e *Guarani* do MS. Tal situação piora a cada ano que passa com o acréscimo demográfico e a redução progressiva da quantidade de terras hábeis para as práticas produtivas convencionais (CAVALCANTE, 2014).

A demarcação é atividade desempenhada pela Administração Pública e relaciona-se a bens da União Federal, bens estes que os povos indígenas possuem o direito originário de posse e entre os quais estão inseridas "as terras devolutas destinadas à preservação ambiental". Além disso, o Texto Constitucional faz menção a terras devolutas imprescindíveis à defesa das fronteiras (art. 20, inc. II). Todas estas terras, inclusive as referentes aos indígenas (que não são devolutas), são descontínuas. Essa é a razão da imposição de demarcação.

Por certo a demarcação não afasta a competência da União quanto às terras devolutas, seja com a finalidade de promover a preservação ambiental seja para buscar garantir a defesa das fronteiras. Em conformidade com o princípio administrativo da razoabilidade, a demarcação deve harmonizar-se às outras competências. Entre estas e a competência para realizar a demarcação inexiste hierarquia. Porém, prevendo a Constituição Federal os direitos de posse dos indígenas como sendo originários, estes são oponíveis à própria União Federal se uma tentativa de demarcação vier a turbá-los. De todo modo, isto não quer dizer que eles podem ser invocados contra a defesa ambiental e das fronteiras (JUNIOR, 2004).

No que diz respeito às suas finalidades, destaca-se seu objetivo de consolidar certeza e segurança. Dessa forma, a demarcação de terras não pode ser indefinida no espaço temporal e é por essa razão que a Constituição lhe definiu um prazo. Mesmo que o prazo fixado não seja atendido, o legislador constituinte quis anunciar a exigência de um momento derradeiro, sob o risco de se instituir, no cenário constitucional, uma infindável insegurança, o que iria contra o norte constitucional de instituição e garantia da paz social.

Como resultado disso, se a demarcação devida ainda não tiver sido executada, resta um dever da União Federal de exercer a sua competência até o fim. E, uma vez concluída a demarcação, a autoridade pública deve responder pelo ato administrativo: por exemplo, se eventualmente a terra demarcada for retomada em nome do sentido de terras tradicionalmente ocupadas, é devida indenização em virtude do ato da União com supedâneo no princípio da eficiência (art. 37 da CF). Nesse caso, não se trata de indenizar em decorrência de uma ocupação, domínio ou posse (art. 231, § 6º, da CF), mas em virtude da ineficiência do ato em face de sua função de salvaguarda da certeza e da segurança (WAGNER; FARIAS, 2020).

Estudos técnicos demonstram que as terras indígenas estão entre as mais preservadas do país, embora recentemente tenha sido afirmado com veemência por lideranças governamentais brasileiras que os indígenas incendeiam florestas em prol de interesses pessoais escusos. Um grande absurdo! Isto porque referidas terras ajudam a assegurar toda a biodiversidade existente no Brasil, o que constitui um benefício, especialmente em longo prazo, para todo país. Enquanto a sociedade brasileira precariamente começou a discutir sobre ecologia, preservação ambiental e contenção de alterações climáticas, aos povos indígenas já há centenas de anos vivem em uma relação de respeito e de harmonia com o meio ambiente. E, curiosamente, eles é que são referenciados como "retrógrados" ou como "primitivos"... Os indígenas aprimoram métodos de trabalho próprios às terras que manejam. Dessa forma, não há razão de avaliá-las somente sob o prisma do viés capitalista, encarando-as como improdutivas. Nas derradeiras décadas, numerosos e cruciais projetos produtivos vêm sendo praticados em terras indígenas, projetos estes denominados sustentáveis ou de cunho etnodesenvolvimentista (afinal são os próprios indígenas que os executam e tocam adiante tais resoluções, conforme seus moldes de organização e anseios para o que está por vir) (COLLET; PALADINO; RUSSO, 2013).

A destruição das composições indígenas originais enquanto espaços exclusivos de coletivos de famílias extensas gerou uma porção de inconvenientes sociais para as comunidades. Este processo comumente é descrito pelos indígenas guarani e kaiowá como *sarambi* ou *esparramo*, ocasionando a separação de muitas famílias e a decomposição de diversas alianças político-sociais que alicerçavam de inúmeras comunidades. O Serviço de Proteção ao Índio agrupou considerável quantia de famílias extensas originadas de diversas comunidades, muitas vezes inimigas entre si, nas mesmas áreas (PEREIRA, 2007).

As famílias indígenas reunidas nos mesmos espaços passaram a concorrer pelos escassos recursos naturais disponíveis ao passo que se esperava que elas convivessem em harmonia sob a gerência de um servidor do órgão indigenista e de uma liderança indígena instituída pelo órgão, denominada "capitão", a fim de que fosse obtido êxito no projeto governamental, embora tal iniciativa fosse destinada ao fracasso em virtude de seu traço compulsório. Tal composição do espaço, na proporção em que houve aumento da densidade demográfica com o advento de novos habitantes e com o alto índice de crescimento vegetativo, entrou em derrocada, ocasionando uma sequência de sérios problemas que iam desde as altas taxas de alcoolismo, suicídios e desnutrição até a progressiva violência interior. As reservas criadas compulsoriamente simbolizaram para os indígenas a perda de autonomia em relação à grande parte das características de suas existências (CAVALCANTE, 2014).

Em um cenário de relacionamento contínuo entre inúmeras amplas famílias, em determinadas situações integrantes de grupos étnicos distintos, as disputas e desavenças são inexoráveis. Anteriormente à revisão da política indigenista nacional que veio à baila por meio do Texto Constitucional de 1988, os agentes do Serviço de Proteção ao Índio, o chefe do Posto Indígena e o capitão desempenhavam o papel principal e intercediam autoritariamente nos processos políticos internos, fazendo com que a permanência nas reservas fosse ainda mais árdua para muitos, principalmente àqueles associados às famílias extensas de menor prestígio social (PEREIRA, 2007).

Pelo que foi apurado pelo Censo Demográfico de 2010, existem no Brasil 505 terras indígenas reconhecidas, que dizem respeito a 12,5% de todo o território nacional (106.739.926 ha), com preponderante concentração na região da Amazônia Legal. Na ocasião de compilação das informações do Censo, estavam em vigência os procedimentos para demarcação de outras 182 terras. É importante ressalvar que boa parte dessas terras são de "papel", ou seja, estão em alguma fase do processo de regularização, mas não sob posse dos indígenas. Em alguns casos isso se arrasta por décadas. No caso dos *Kaiowá* e *Guarani*, por exemplo, a proporção de terras reconhecidas e que não estão em posse indígena é superior a 80%.

Neste sentido, expôs Thiago Leandro Vieira Cavalcante em sua tese de doutorado em História (CAVALCANTE, 203, p. 104):

> *No entanto, quando se analisa a quantidade de hectares reconhecidos após 1980 que de fato está sob o usufruto indígena tem-se o número de apenas 30.415 hectares, ou seja, somente 22,02% das áreas reconhecidas estão efetivamente na posse dos indígenas, os outros 77,98% até o momento continuam sendo apenas terras de papel. Todavia, apesar de não estarem sob usufruto indígena, estas áreas são computadas nos tão falados 12,64% do território nacional que atualmente são ocupados por terras indígenas, percentual este que frequentemente alimenta a retórica dos grupos contrários ao reconhecimento de novas terras indígenas.*

Em que pese todo o progresso na salvaguarda de terras às sociedades indígenas por parte do Estado, ainda existem diversas faixas territoriais a serem demarcadas e vários contingentes destituídos de terra ou com tamanhos insuficientes para que sua sobrevivência esteja assegurada. É de igual forma deveras preocupante a situação de muitas outras que têm sido esbulhadas por grupos locais não indígenas. Além de tudo isso, não pode passar sem ser lembrada a existência de projetos de lei em discussão no Poder Legislativo em desfavor dos direitos territoriais indígenas anteriormente delimitados[11].

---

[11] AGÊNCIA IBGE NOTÍCIAS. Censo 2010: população indígena é de 896,9 mil, tem 305 etnias e fala 274 idiomas. Disponível em: <https://agenciade-noticias.ibge.gov.br/agencia-sala-de-imprensa/2013-agencia-de-noticias/releases/14262-asi-populacao-indigena-e-de-8969-mil-tem-305-etnias-e--fala-274-idiomas>. Acesso em: 31 dez. 2020.

O Marco Temporal da Terra Indígena.

Conhecida como Marco Temporal da Terra Indígena, existe uma ação no Supremo Tribunal Federal que aduz que comunidades indígenas apenas podem requerer e reivindicar espaços e terras que já ocupavam na data da promulgação e entrada em vigência da Constituição Federal brasileira, qual seja, 05 de outubro de 1988. Tal argumento é defendido pela bancada ruralista e por grupos e corporações ligados à atividade agropecuária, ao passo que coletivos indígenas receiam perder o direito de uso e ocupação de espaços que se encontram em processo de demarcação. Tal contenda é fruto de controvérsias e disputa por uso e ocupação de terras brasileiras por longa data.

O Texto Constitucional assegura a consolidação das chamadas Terras Indígenas (TIs). Referidas Terras são espaços tradicionalmente ocupados pelos indígenas, competindo à União demarcá-las, além de proteger e fazer respeitar todos os seus bens. Assim sendo, tais terras pertencem à União Federal e os indígenas possuem o direito originário exclusivo e permanente de explorar os recursos naturais delas, bem como desempenhar seus hábitos e exercer suas culturas nestes locais. Tais terras podem ser ocupadas por mais de uma etnia e possuem o processo de demarcação disciplinado pelo Decreto nº 1.775 de 08 de janeiro de 1996 (CAVALCANTE, 2016).

Nesse sentido, merece ser destacado o *caput* do art. 231 da Constituição Federal (BRASIL, 1988), bem como três de seus parágrafos:

> *"Art. 231. São reconhecidos aos índios sua organização social, costumes, línguas, crenças e tradições, e os direitos originários sobre as terras*

que tradicionalmente ocupam, competindo à União demarcá-las, proteger e fazer respeitar todos os seus bens.

§ 1º São terras tradicionalmente ocupadas pelos índios as por eles habitadas em caráter permanente, as utilizadas para suas atividades produtivas, as imprescindíveis à preservação dos recursos ambientais necessários a seu bem-estar e as necessárias a sua reprodução física e cultural, segundo seus usos, costumes e tradições.

§ 2º As terras tradicionalmente ocupadas pelos índios destinam-se a sua posse permanente, caben-do-lhes o usufruto exclusivo das riquezas do solo, dos rios e dos lagos nelas existentes.

(...)

§ 6º São nulos e extintos, não produzindo efeitos jurídicos, os atos que tenham por objeto a ocupação, o domínio e a posse das terras a que se refere este artigo, ou a exploração das riquezas naturais do solo, dos rios e dos lagos nelas existentes, ressalvado relevante interesse público da União, segundo o que dispuser lei complementar, não gerando a nulidade e a extinção direito a indenização ou a ações contra a União, salvo, na forma da lei, quanto às benfeitorias derivadas da ocupação de boa fé".

Convém destacar que o artigo acima e o Marco Temporal dizem respeito apenas às Terras Indígenas Tradicionalmente Ocupadas. Isto porque existem outras três modalidades de terras indígenas: 1) *Reservas Indígenas*, que são as terras que foram doadas por terceiros ou as que foram adquiridas ou desapropriadas pela União Federal e que possuem como finalidade ficarem em posse permanente das comunidades indígenas. Tais terras também pertencem ao patrimônio da União. Convém salientar aqui que existem terras indígenas que foram reservadas pelos estados-membros, mormente durante a primeira metade do século XX e que são reconhecidas como de ocupação tradicional; 2) *Terras Dominiais*: são os espaços de plena propriedade das comunidades indígenas, tendo sido adquiridas por meio de qualquer das formas de aquisição do domínio, nos termos da legislação civil; 3) *Interditadas*: correspondem a espaços territoriais interditados pela Fundação Nacional do Índio – FUNAI com a finalidade de proteção de grupos indígenas em situação de isolamento, com o estabelecimento de restrição de entrada e circulação de terceiros na área. A interdição do espaço pode ocorrer concomitantemente ou não com o processo de demarcação regido pelo Decreto nº 1.775/96[12].

É possível haver o reconhecimento de novas terras indígenas no Brasil e, para que isso ocorra, a FUNAI deve, resumidamente, iniciar processos próprios de identificação e delimitação da área, devendo posteriormente ser ouvidos os demais entes federativos e um estudo ser encaminhado ao Ministério da Justiça. Se as delimitações da Terra Indígena forem aprovadas pelo Ministério da Justiça, ocorre o reassentamento de ocasionais "não-indígenas" que estiverem nos espaços, por meio do Instituto Nacional de Colonização e Reforma Agrária (INCRA). Finalmente, cabe ao Presidente da República aprovar a criação da nova Terra Indígena por meio de decreto (CERQUEIRA, 2016).

---

[12] FUNDAÇÃO NACIONAL DO ÍNDIO – FUNAI. (2020a) **Modalidades de terras indígenas**. Brasília: Ministério da Justiça. Disponível em: <https://tinyurl.com/y2x9ge8n>. Acesso em: 20 out. 2020.

A Frente Parlamentar da Agropecuária, também conhecida como Bancada Ruralista no Congresso Nacional, advoga a favor do Marco Temporal da Terra Indígena. Como até o momento não havia sido definida uma data limite para o reconhecimento de uma Terra Indígena, os parlamentares represes do agronegócio aduzem que novas terras só podem sofrer demarcação a favor de indígenas que já ocupavam o território em disputa na data da promulgação da Constituição Federal, qual seja, 05 de outubro de 1988. Tal argumentação se dá em virtude da redação contida no *caput* do art. 231 da Constituição, afinal este afirma que *"São reconhecidos aos índios sua organização social, costumes, línguas, crenças e tradições, e os direitos originários sobre as terras que tradicionalmente **ocupam** [...]"* (g. n.). Nesse sentido, expõem os agrorruralistas que caso não seja respeitado o tempo verbal do verbo "ocupar" presente no referido dispositivo constitucional, os indígenas poderiam reivindicar qualquer espaço.

Segundo os povos indígenas, eles possuem direito originário à terra justamente por estarem no espaço territorial bem antes da consolidação do Estado nacional. Além disso, o exposto pelo Marco Temporal alegadamente ignora os povos que foram destituídos de suas terras, por meio de violência (seja ela física ou não, afinal violência possui diversas formas) ou em decorrência da expansão rural e urbana efetuada pelo homem branco, que também promovera desmatamentos ou mortes através de proliferação de doenças. Assim sendo, seria impossível estarem ocupando determinados espaços físicos no momento em que a Constituição Federal foi promulgada. Além disso, é defendido pelos indígenas que certos espaços físicos são um meio estrito de conexão com seus antepassados, de efetuarem a conservação da própria cultura e também de sobreviverem frente à desenfreada expansão urbana e rural que se dá no território brasileiro. É defendido pelos povos indígenas que estão sendo reivindicadas áreas que ainda possuem significado a uma organização social específica e que os anseios de demarcação são concretos e característicos, referindo-se a áreas bem definidas e delimitadas.

Os espaços de terra que na atualidade são alvo dos litígios judiciais foram incorporados através de procedimentos de colonialismo interno. As demarcações das terras indígenas no planejamento da ação governamental e os demais processos de territorialização, como é o caso das atividades de retomada e reocupações de áreas no campo das ações indígenas, buscam indagar perspectivas situadas na estrutura agrária ocasionada pelo progresso das fronteiras até sua delimitação final. Essa disposição agrária foi organizada também sobre representações distintas a respeito do indígena e de seu lugar, compreendido como espaço originário e como posição apropriada. A procura pela redefinição dos limites de terras indígenas, com a indagação das divisas territoriais historicamente erguidas, é resultado e repercussão do modo de composição do espaço e de sua inserção no ordenamento político, sendo arguidas também as colocações sobre o local do indígena (FERREIRA, 2009).

O cerne do Marco Temporal de Terras Indígenas ganhou tenacidade no ano de 2017, na ocasião de emissão do Parecer n° GMF-05, lançado nos autos do processo n° 00400.002203/2016-01, por parte da Advocacia-Geral da União – AGU, na vigência do mandato presidencial de Michel Temer, argumentando que haveria repercussão geral sobre o tema, no sentido de que o julgamento de um caso específico sobre uma Terra Indígena repercutiria para todos os casos semelhantes. O exemplo dado foi o julgamento pelo Supremo Tribunal Federal da legalidade da demarcação da Terra Indígena Raposa Serra do Sol que foi caracterizada por disputas entre indígenas e produtores de arroz. O veredicto do STF foi no sentido de reconhecer a legalidade da demarcação, pois os povos indígenas ali já estavam no momento da promulgação da Constituição Federal.

As associações agrorruralistas e a própria Bancada Ruralista utilizam-se do referido parecer emitido pela AGU para propor ações judiciais visando a impedir a demarcação de terras indígenas, de forma que diversos procedimentos de demarcações de terras estão suspensos em virtude do trâmite judicial delas. Um ponto de controvérsia no Marco Temporal de Terras Indígenas é que o parecer da AGU contrariou o próprio entendimento emitido pelo STF no ano de 2013, afinal este reconhecera que o julgamento do caso da Raposa Serra do Sol teria efeitos apenas *inter partes* (ROSA; DELGADO, 2017).

Sobre o Marco Temporal Indígena, discorreu Manuela Carneiro da Cunha (2018):

> *De sua parte, alguns ministros do Supremo Tribunal Federal tentam firmar um entendimento absurdo, o chamado "marco temporal", com seu apêndice, "o esbulho renitente", que afirma que só têm direito às suas terras os índios que lá se encontravam no dia da promulgação da Constituição de 1988. Os principais — mas não únicos — alvos desse entendimento são os Guarani, sobretudo do Mato Grosso do Sul e do Oeste do Paraná, violentamente deportados de suas terras desde a década de 1940 e a Marcha para o Oeste de Getúlio Vargas. Como uma deportação forçada nunca foi suficiente para abolir direitos, o remendo é exigir que os índios provem que nunca deixaram de resistir, seja pela força, seja por vias judiciais.*

> Isso numa época em que, como já vimos, juízes não reconheciam a capacidade dos índios de propor uma ação judicial. Esse perverso entendimento está contaminando a Advocacia-Geral da União (AGU). E o legislativo propõe instituir o "marco temporal", que consta de várias propostas de lei (pl 490/2007; pl 1.216/2015; pl 1.218/2015; pl 7.813/2017). A pl 490/2007, aliás, sequer aceita a exceção do esbulho. (CUNHA, 2018, p. 441)[13]

O parecer emitido pela AGU no ano de 2017 foi utilizado como argumentação para a Fundação de Amparo Tecnológico ao Meio Ambiente (FATMA) requerer a posse sobre um espaço ocupado pela etnia indígena *Xokleng*, no estado de Santa Catarina. Tal etnia, na primeira ocasião em que fora notada, no ano de 1914, possuía cerca de 400 componentes naquele estado e, segundo foi retratado à época, tratava-se de um grupo que fora transferido para uma pequena aldeia próxima ao Rio Platê, a fim de que não fossem assassinados por exploradores. Já em meados dos anos 1930, tal comunidade indígena já havia sido reduzida para cerca de 100 indivíduos. No ano de 1976, deu-se início às obras de edificação da Barragem Norte na região, fazendo uso de espaço de terra outrora utilizado para a prática de agricultura e causando inundação de 95% da extensão cultivável e em 1992 inaugurou-se tal empreendimento público.

Diante do quadro de mudança no espaço causado pela Barragem Norte, foram traçados pela FUNAI estudos a fim de se verificar a possibilidade de criação de Terra Indígena

---

[13] Sobre o Projeto de Lei n.º 490, ver o nosso artigo no website Consultor Jurídico: "Protesto em face de mais um projeto legislativo normaticida". GONZAGA, Alvaro de Azevedo; LABRUNA, Felipe. Disponível em: <https://www.conjur.com.br/2021-jun-16/opiniao-protesto-face-projeto-legislativo-normaticida>. Acesso em: 13 jan. 2022.

para cerca de dois mil indígenas, reunindo os *Xokleng* e outros grupos da localidade. O que foi averiguado pelos estudos antropológicos da FUNAI é que a comunidade *Xokleng* havia sido vítima de grilagem e expulsa da área que anteriormente ocupava. Como os indígenas jamais deixaram de reivindicar o espaço, o Ministério da Justiça o declarou como parte de sua terra tradicional. Tal procedimento de gênese de reconhecimento de Terra Indígena encontra-se estacionado desde 2003 em virtude de vários litígios judiciais questionando sua legalidade (OSOWSKI, 2017).

Em fevereiro de 2019 foi reconhecido por unanimidade pelo plenário do STF que o Recurso Extraordinário nº 1.017.365/SC, que trata sobre a constitucionalidade da criação de Terra Indígena aos *Xokleng*, é dotado de repercussão geral, de maneira que o *decisum* a ser proferido por aquela Suprema Corte emanará efeitos a todos os demais casos semelhantes. Existem muitos processos de demarcação de Terras Indígenas e celeumas possessórias envolvendo terras tradicionais que estão na atualidade judicializados. Da mesma forma, existem diversos projetos legislativos que almejam remover ou relativizar direitos constitucionais indígenas sobre a terra. Assim sendo, o Supremo Tribunal Federal admitiu a primordialidade de definir a questão quando declarou sua repercussão geral.

O Recurso Extraordinário nº 1.017.365/SC tem como Relator o Ministro Edson Fachin e possui como cerne pedido de reintegração de posse da Fundação do Meio Ambiente do Estado de Santa Catarina (FARMA) em face da Fundação Nacional do Índio – FUNAI e do povo indígena *Xokleng* que ocupa a área reivindicada. A região objeto do pleito de reintegração de posse alegada pelo povo *Xokleng* parte de seu território tradicional, já que é componente do território *Ibirama-Laklanõ*, que sofre redução ao longo do século

XX. Então, o que será definido pelo STF no bojo do mencionado Recurso Extraordinário é se uma Terra Indígena apenas pode ser demarcada em locais que os indígenas já ocupavam na data de 05 de outubro de 1988 quando a Constituição Federal foi promulgada, como argumenta a FARMA, ou se um espaço de terra pode ser reservado a indígenas que ainda enxergam significado no local[14]. Apesar da evidente desigualdade nas relações de poder instaladas, foram registrados diversos atos de resistência dos indígenas em deixarem suas terras. Sob um olhar histórico, não há espaço para olvidar que os indígenas foram vítimas de esbulho patrocinado pelo Estado brasileiro, mais especificamente pela União Federal e que não consentiram com esse processo sem oferecimento de resistência, caracterizando o chamado "renitente esbulho". De igual forma, não é cabível proclamar que tenham perdido o anseio de retornarem às terras tomadas.

Em resumo, a tese do "Marco Temporal", com exceção do renitente esbulho, propõe que apenas as terras efetivamente ocupadas por indígenas na data da promulgação da Constituição Federal de 1988 estão protegidas pelo art. 231 de seu texto. O Supremo Tribunal Federal e outros tribunais brasileiros têm se utilizado do Marco Temporal como referência objetiva para a apreciação de litígios que tratam sobre a demarcação de terras indígenas. Tal fato tem trazido obstáculos a desfecho favorável aos indígenas, mesmo em situações de manifesta presença de renitente esbulho, como acontece, por exemplo, na Terra Indígena Panambi-Lagoa Rica.

---

[14] Caso de repercussão geral no STF pode definir o futuro dos povos indígenas do Brasil. **Mobilização Nacional Indígena**. Disponível em: <https://tinyurl.com/y4nvlqm9>. Acesso em: 28 out. 2020.

5° MITO:

Indígenas estão desaparecendo no Brasil.

A verdade é que muita gente procura uma projeção do indígena originário, purificado, ao qual se confere autenticidade, ou seja, o status de indígena real, de verdade. Essa representação de um indígena associada ao passado e a uma situação fixa e inalterável não apareceu por acaso. Muita coisa foi feita, especialmente através de políticas públicas, para que fosse valorizado esse indígena romântico, fictício e inacessível e se ignorassem os indígenas verdadeiros, ou seja, aqueles que lutaram e até hoje militam em prol de anseios e projetos diferenciados, valendo-se de táticas heterogêneas e criativas. Dessa forma, desde o período colonial brasileiro, políticas de Estado vêm sendo praticadas no sentido de absorver e integrar os indígenas à sociedade brasileira e invalidar sua identificação étnica.

Em verdade, até que fosse promulgada a Constituição Federal de 1988, a legislação que havia na época encarava os indígenas como uma classe transitória, que fazia jus à proteção do Estado até o momento que eles obtivessem os hábitos e costumes dos demais brasileiros. Essa concepção foi alterada com o advento da atual Constituição, que assegura às comunidades indígenas o direito de conservarem seus modelos de composição social, culturas e tradições próprias. Dessa forma, acredita-se que essa figura utópica do indígena idealizado, puro e romântico, fabricado pela literatura, pela mídia e por políticas públicas governamentais não está cessando. Entretanto, tal projeção jamais existiu, afinal os indígenas "da realidade" são muito distintos dessa gravura e também entre si mesma, seja por sua heterogeneidade cultural, seja em decorrência das desigualdades associadas à colonização.

Outra questão relevante a se levar em conta é a própria dinâmica das comunidades indígenas. Como qualquer outro povo, elas estão em permanente modificação e evolução. O conceito de que seriam sociedades desprovidas de história ou grupos estáticos no tempo pelo fato de não se alterarem da mesma maneira que as sociedades ocidentais é componente de um paradigma etnocêntrico (COLLET; PALADINO; JUNIOR, 2013).

Nesse sentido discorreu Manuela Carneiro da Cunha (1994):

> *Após o primeiro contato, os grupos que conseguem sobreviver iniciam uma recuperação demográfica: assim foi com a América como um todo, que perdera grande parte de sua população aborígene entre 1492 e 1650, provavelmente uma das maiores catástrofes demográficas da humanidade. Cada avanço da fronteira econômica no país dá origem a um ciclo semelhante. Muitos grupos indígenas foram contactados no início dos anos 70, durante o período do chamado milagre brasileiro, e estão agora iniciando esse processo de recuperação demográfica. (CUNHA, 1994, p. 124)*

Pode-se constatar que desde os anos 80, o prenúncio de extinção dos povos indígenas deu lugar à observação de uma recuperação demográfica geral. Em outras palavras, os indígenas estão no Brasil para ficar. Entende-se que o primeiro convívio de comunidades indígenas com outros tipos étnicos acarretou grande mortalidade, devido à existência da barreira imunológica prejudicial aos indígenas (ao contrário do que houve no continente africano, em que a barreira favorecia os africanos em oposição aos europeus). Tal mortalidade, entretanto, ao contrário do que se quer acreditar, não possui razões apenas naturais:

entre outras coisas, ela pode ser contida com aplicações de vacinas, atendimento médico e assistência geral.

Não foram apenas "gripezinhas": O caráter de dizimação das epidemias trazidas pelo homem branco supostamente "civilizado".

Tendo permanecido de maneira isolada por milhares de anos, os indígenas brasileiros não adquiriram imunidade perante vírus e bactérias oriundos dos demais continentes do globo. Em que pese seu local de habitação não fosse destituído de volumosa diversidade de doenças, como a doença de Chagas, a leishmaniose e o pian, no momento em que se aproximou fisicamente do não-indígena colonizador, o indígena foi protagonista de um grande desastre, afinal sendo destituído de resposta biológica imune para micro-organismos autóctones, esmoreceu em decorrência de gripes, sarampo, gastroenterites e em especial varíola. No Brasil Colônia era ínfima a quantidade de médicos com formação e em virtude deste fato os jesuítas arriscaram-se no desempenho de ações de saúde, além de ser farta a quantidade de curandeiros e benzedeiros que se lançavam em práticas visando ao tratamento de moléstias. Tais pessoas exerciam terapias alternativas, compostas por conhecimentos populares das medicinas europeia e indígena, afinal ambas tinham o discernimento consubstanciado de que a moléstia, uma vez instaurada, haveria de deixar o organismo atingido. Neste cenário, as terapias contra as enfermidades pautavam-se em sangrias, purgações e provocação de vômitos, somados à preparação de rituais, práticas de rezas e utilização de talismãs, a fim de alimentar e aprazer o sobrenatural. Tais condutas, aliadas ao uso de diversificada flora terapêutica nativa, foram propaladas pelos bandeirantes que percorreram rincões brasileiros de ponta a ponta, sendo por essa razão tal método terapêutico batizado de "Remédios de Paulistas", tendo sido utilizado para o tratamento de várias mazelas corriqueiras nas florestas e vilas recém-erguidas (GURGEL, 2009).

As enfermidades em regra constituíram o primeiro motivo de ameaça ao contingente das populações de indígenas. O histórico de convivência de homens brancos e indígenas é, em relevante parcela, uma narrativa de assassinatos e, especialmente, de epidemias. Cada contingente silvícola que se aproximou de grupos europeus e de sua descendência, nos últimos cinco séculos, pagou preço alto em vidas em virtude das moléstias que a "integração" à civilização lhe acarretou. É famosa a ocorrência das missões de jesuítas no estado da Bahia que, em parcos anos, testemunharam seus catecúmenos reduzirem-se de quarenta mil para dois mil indivíduos indígenas, em razão de vários motivos, mas especialmente devido às epidemias de varíola.

Discorreram Francisco Silva Noelli e André Luis R. Soares (1997):

> O veículo básico de introdução das epidemias na América foram os europeus, que desenvolveram ao longo dos últimos milênios uma grande adaptabilidade genética e fisiológica frente à essas patogenias mortais, originadas e desenvolvidas em separado dos povos americanos (MORÁN, 1991).
>
> As doenças afetaram intensamente a dinâmica populacional territorial e social dos Guarani. A exemplo do que ocorreu na Amazônia (BECKERMAN, 1991), em momentos diferenciados morreram mais Guarani em alguns lugares do que

em outros, conforme a velocidade e as direções do avanço dos conquistadores. Em locais afastados, onde nenhum europeu havia pisado, como nas regiões do Uruguai e do Tape (CORTESÃO, 1969; VIANNA, 1970), os jesuítas foram os focos de disseminação. Os próprios Guarani, ao tempo dos primeiros contatos, desconhecendo os efeitos do contágio, contribuíram para propagar as epidemias em lugares ainda não tocados pelos europeus. (NOELLI; SOARES, 1997, p. 167)

A vivência do SPI e posteriormente da FUNAI mostrou que as doenças que mais causaram danos aos nativos foram as pulmonares que, posteriormente às primeiras proximidades com os brancos "civilizados", causaram verdadeiros aniquilamentos entre eles. A gripe, a tuberculose, a pneumonia e a coqueluche foram os principais motivadores do elevadíssimo morticínio dos povos indígenas silvícolas que tiveram contatos pacíficos com os homens brancos que se tem notícia, a partir da fundação do SPI, em 1910, então sob o nome de Serviço de Proteção aos Índios e Localização dos Trabalhadores Nacionais (SPILTN). Surtos de sarampo e de varíola igualmente provocaram, e até hoje provocam, reais extermínios nos contingentes contaminados, especialmente nos que vivem em regiões muito remotas, com grandes dificuldades de serem velozmente socorridos pelos vitais serviços de saúde. Em determinadas localidades, a malária, em suas diversas variantes, e a catapora afetaram violentamente os indígenas, embora não tenham provocado mortes com gravidade similar às outras doenças citadas acima. Doenças de pele caracterizadas por manifestações alérgicas também foram certificadas entre indígenas.

A recuperação e acréscimo do contingente populacional indígena brasileiro nos últimos 50 anos.

No decorrer da consolidação do Estado nacional do Brasil, ocorrera uma reorganização do território que ocasionou a dominação, o embate e a relutância, e, ademais, o extermínio de muitas comunidades autóctones. Em razão disso, foi limitado o espaço de movimentação dos nativos, de maneira que houve interferência no fluxo das migrações, o que era muito habitual entre alguns coletivos, sendo então condicionado o trato com o hábitat selvagem e o meio ambiente e havendo pressão das divisas interétnicas que existiam. A subjugação dos europeus no território brasileiro ganhou força no instante em que intervinha na procriação social, tendo em vista que os nativos passaram a ser o foco das missões religiosas e evangelização, do escravismo ou de coisas ainda mais arrasadoras, como os conflitos e batalhas bélicas e as epidemias de enfermidades que ocasionaram decréscimos populacionais e aniquilaram aldeamentos completos (ALMEIDA; NÖTZOLD, 2008).

O indígena sofrera escravidão e violência e foi dizimado, isto é inegável. Porém, a sua linguagem, por meio da denominação de logradouros, bairros, sítios, vegetação, animais e acidentes geográficos, permanece sendo utilizada na língua portuguesa, da mesma forma que muitos de seus costumes, alimentação, hábitos, tendo sua cultura enraizada no Brasil. O produto desta união cultural associada à miscigenação racial remanesce como fruto da terra que foi fertilizada pelo sangue do genocídio de uma raça (MENDES, 2004). Segundo Darcy Ribeiro (1996), nenhum povo poderia sair ileso de uma rotina equivalente:

> *Todos nós, brasileiros, somos carne da carne daqueles pretos e índios supliciados. A doçura mais terna e a crueldade mais atroz aqui se conjugaram para fazer de nós a gente sentida e sofrida que somos e a gente insensível e brutal, que também somos. Descendentes de escravos e de senhores de escravos seremos sempre servos da malignidade destilada e instalada em nós, tanto pelo sentimento da dor intencionalmente produzida para doer mais, quanto pelo exercício da brutalidade sobre os homens, sobre mulheres, sobre crianças convertidas em pasto de nossa fúria.*
>
> *A mais terrível de nossas heranças é esta de levar sempre conosco a cicatriz de torturador impressa na alma e pronta a explodir na brutalidade racista e classista. Ela é que incandesce, ainda hoje, em tanta autoridade brasileira predisposta a torturar, seviciar e machucar os pobres que lhes caem às mãos.*
>
> *Ela, porém, provocando crescente indignação nos dará forças, amanhã, para conter os processos e criar aqui uma sociedade solidária. (RIBEIRO, 1996, p. 100)*

Foram os cronistas, contudo, antes mesmo que os estudos técnicos demográficos, que registraram a grandeza demográfica e o genocídio dos povos indígenas na América do Sul. Tem-se que a primeira contagem oficial da composição racial da população brasileira data do ano de 1872. A História reservou aos filósofos europeus papel de destaque à atenção dada às disparidades do continente sul-americano, sendo seguidos pelas primeiras expedições de estudos de etnologia iniciadas a partir de meados do século XVIII.

Da coleção de estudos pioneiros e escritos sobre os povos indígenas no Brasil, já vigorosamente reconhecida por meio dos trabalhos desenvolvidos por Curt Nimuendajú e Florestan Fernandes, retrata-se uma diminuta parcela das gentes e das histórias latino-americanas. Foi apenas com o estabelecimento e consolidação da antropologia no Brasil no início do século XX que a etnologia passou se ocupar, de fato, com os dados quantitativos que possibilitam majorar a reflexão sobre a demografia dos povos indígenas para além das fronteiras da Antropologia Física. Assim sendo, possivelmente foi o estudo a respeito da assimilação dos coletivos indígenas requisitado pela UNESCO na década de 50 o mais relevante no que diz respeito à reunião de dados e informações das dinâmicas demográficas da população indígena brasileira.

Foi Darcy Ribeiro o responsável pela realização das primeiras pesquisas etnológicas no espectro indígena, partindo de fontes como sua experiência pessoal como etnólogo da Seção de Estudos do Serviço de Proteção aos Índios (SPI), o acervo do SPI (registros e diálogos documentados com etnólogos, indigenistas e missionários) e a bibliografia etnológica disponível até aquele momento. Debruçado sobre este tipo de material, Darcy Ribeiro teceu na pesquisa as discussões da Antropologia Social a respeito das categorias "raça", "cultura" e "etnia", demonstrando preocupação com a questão do abandono da raça e com a transferência de seu significado para a cultura. Tendo sido primordial no traçado das espécies analíticas, Darcy Ribeiro concretizou este estudo pautado no conceito que seria usado para refletir, daquele momento em diante, quem realmente são os indígenas no Brasil. Dessa forma, visto como uma categoria ou espécie etnológica, "indígena" é aquele indivíduo que se autoidentifica e se autodeclara como pertencente a um povo, de linhagem histórica pré--colombiana, diverso da sociedade nacional e que é reconhecido por ele como um de seus semelhantes (GUIRAU; SILVA, 2013).

Desde o início da colonização no Brasil até a década de 70 os povos indígenas eram apontados como uma categoria de ordem social transitória: todas as políticas públicas dirigidas às comunidades indígenas tinham como meta sua "integração à comunhão nacional", seja por meio de sua sujeição ao catecismo, da exploração de sua foça de trabalho ou até mesmo através de sua escravização. Ressalta-se que "integração", nos textos legais e na política indigenista brasileira, é utilizado como termo equivalente à "assimilação". A legislação nacional mais moderna que de forma específica trata sobre os indivíduos indígenas no país é o Estatuto do Índio (Lei nº 6.001/1973) que, embora tenha diversos pontos desatualizados e superados com promulgação da Constituição Federal de 1988, ainda está em vigência. Neste comando legal todos seus dispositivos visam à regulação da *situação jurídica dos índios ou silvícolas e das comunidades indígenas, com o propósito de preservar a sua cultura e integrá-los, progressiva e harmoniosamente, à comunhão nacional*[15]. Porém, é importante haver o reconhecimento de que inexistem estatísticas exatas a respeito da demografia indígena no país (AZEVEDO, 2008).

O contingente indígena no Brasil no ano de 1500 fora aferido em aproximadamente quatro milhões de pessoas, falando cerca de mil línguas diferentes, porém no ano de 1970 sua linhagem direta somava menos de

---

[15] BRASIL. **Lei nº 6.001/1973**. Brasília: Senado Federal, 1973.

cem mil pessoas, o que representa uma minoração em torno de 97,5% (SANTOS; JUNIOR, 1994). Quiçá a fase mais problemática do embaraço populacional das comunidades indígenas fruto da aproximação física com o homem branco já tenha decorrido, ainda é temerosa a afirmação convicta a respeito disso. A extremada minoração pretérita do contingente demográfico indígena relacionada ao contato físico é uma situação contínua na história brasileira. Embora tenha ocorrido cenário parecido no resto do continente sul-americano, na América do Norte, na Austrália e na Polinésia, é provável que se tenha mais conhecimento sobre os prováveis motivos deste decréscimo no Brasil em relação a qualquer outro local.

Até a década de 80, os dados de que se tinham conhecimento eram fornecidos pela FUNAI que, na mesma linha do antigo SPI, fazia recenseamentos com frequência desde o conhecimento direto com as aldeias jurisdicionadas pelos postos indígenas. Entretanto, a cada ano que se passava e a cada povo que se conhecia, os dados passados eram irregulares. Ao que parece, a FUNAI foi perdendo a habilidade de coletar informações demográficas em virtude de questões de ordem administrativa e devido ao aumento significativo de indígenas se locomovendo em direção aos centros urbanos, além do reconhecimento de novos coletivos se autoidentificando como indígenas (GOMES, 2012).

No decorrer das derradeiras décadas tem-se observado um acréscimo demográfico de diversos coletivos indígenas, ao passo que outros permanecem diminuindo. Por volta de 1980, a população indígena somava cerca de 200 mil indivíduos. Segundo o último Censo Demográfico realizado pelo Instituto Brasileiro de Geografia e Estatística – IBGE no ano de

2010[16], no período entre 1991 e 2000 houve um crescimento de 10,8% ao ano da população que se declarou indígena, o que é considerado atípico, principalmente nas áreas urbanas do país. Tal análise demográfica afirmou que inexiste efeito demográfico que possa explicar tal fenômeno (IBGE, 2010). Este fato pode ser atribuído a um momento mais propício para os indígenas se autoafirmarem como tal, afinal estavam saindo da invisibilidade em busca de melhores condições de vida, mais especificamente, os incentivos governamentais que passaram a ser expandidos, ou ainda muitos sentiram-se encorajados de reconhecer-se em sua ancestralidade. Tal incremento poderia estar associado à melhoria nas políticas públicas oferecidas aos povos indígenas (LUCIANO, 2006).

Sobre o fenômeno do crescimento populacional indígena, explicou Manuela Carneiro da Cunha:

> *Outro fator de crescimento populacional, embora de menor impacto demográfico, é que muitos grupos, em áreas de colonização antiga, após terem ocultado sua condição discriminada de indígenas durante décadas, reivindicam novamente sua identidade étnica. No século XIX, sobretudo no nordeste, com o falso pretexto da inexistência ou de uma assimilação geral dos índios, as terras*

---

[16] O Censo deveria ser realizado em 2020. Entretanto, com a pandemia do COVID-19, foi transferido para 2021. O Brasil, com mais de 700 mil mortos de COVID-19, optou por políticas negacionistas de enfrentamento da pandemia, bem como por cortes de verbas do Censo demográfico (de 3,4 bilhões para 53 milhões de reais), fez com que, dentro do caos no qual sobrevivemos (todos inseridos), e como um dos nefastos resultados, o Censo demográfico não seja mais realizado nem em 2021, tampouco em 2022, em 2023, com muito esforço foram apresentados dados preliminares da população indígena no Brasil. Surpreendentemente, e com o encorajamento de nos reconhecermos como indígenas, em especial os parentes em contexto urbano, somamos o número preliminar de 1.652.876 (um milhão, seiscentos e cinquenta e dois mil, e oitocentos e setenta e seis).

> dos aldeamentos foram liquidadas e por sinal duramente disputadas entre os poderes locais. Ressurgem agora etnias, sobretudo no leste e no nordeste, que reclamam terras — em geral diminutas, mas por encontrarem-se em áreas densamente povoadas, enfrentam oposição violenta. Os embates legais travam-se geralmente em torno da identidade indígena e aqui o modelo que eu chamei platônico da identidade é amplamente invocado, tanto por parte dos fazendeiros quanto por parte dos próprios índios, forçados a corresponderem aos estereótipos que se tem deles. (CUNHA, 1994, p. 124)

Já no ano de 2010, 817 mil pessoas se autodeclararam indígenas. Assim, nos dias de hoje, no continente sul-americano, o Brasil demonstra ter um relevante contingente de indígenas, embora este corresponda a somente 0,4% da população brasileira. Neste contingente, não foram contabilizados pelo Censo Demográfico do IBGE de 2010 os povos indígenas considerados "indígenas isolados", em razão da própria política de contato. Também não foram computados os indígenas que se encontram em processo de reafirmação étnica após anos de dominação e repressão cultural e, em razão disso, ainda não estão se autodeclarando como tal.

Nesse sentido, discorreu Gersem dos Santos Luciano (2006):

> Desde a última década do século passado vem ocorrendo no Brasil um fenômeno conhecido como "etnogênese" ou "reetinização". Nele, povos indígenas que, por pressões políticas, econômicas e religiosas ou por terem sido despojados de suas terras e estigmatizados em função dos seus

> *costumes tradicionais, foram forçados a esconder
> e a negar suas identidades tribais como estratégia
> de sobrevivência – assim amenizando as agruras
> do preconceito e da discriminação – estão reas-
> sumindo e recriando as suas tradições indígenas.
> (LUCIANO, 2006, p. 28)*

Porém, também existe a possibilidade de que milhares destas pessoas se declararam indígenas por razões diversas, entre elas porque não se consideram representadas pelas outras opções oferecidas e também por se considerarem descendentes de indígenas de um passado longínquo, mesmo sem que nunca tenham tido hábitos indígenas ou nem sequer saibam a que suposta etnia descendam ou se identificam. Muitos estudos já demonstraram que a metodologia de captação por meio da mera autodeclaração como indígena tem sido insuficiente para se ter uma ideia mais acurada da situação sociodemográfica dos povos indígenas, sujeitos de direitos e políticas públicas específicas. Não bastando, tanto os dados oficiais do IBGE referentes à população indígena urbana, quanto à rural, podem estar produzindo desvios que inflacionem a demografia indígena. Assim, fato é que os números colhidos e fornecidos pelo Censo, até o momento, não sao inteiramente confiáveis.

Outra questão que precisa ser aventada é de que há desconhecimento de uma quantia indefinida de povos indígenas autônomos. A FUNAI declara que existem cerca de 60 evidências ou indicativos de que comunidades indígenas estejam vivendo autonomamente, mas desses 20 ou 30 seriam compostos por populações com no máximo 40 pessoas. A grande maioria destes coletivos localiza-se nos rincões das fronteiras econômicas do país, na Amazônia Ocidental, em que pese existam exíguos coletivos em áreas brasileiras mais acessíveis, tal qual o oeste do estado do Maranhão, onde pode ser encontrada a etnia dos Guajá e até pouco tempo atrás, as nascentes do rio Tocantins, em Goiás, onde possivelmente se resguardou um grupo da etnia Avá-Canoeiro. Além disso, a soma de povos indígenas que ainda não são reconhecidos é expressiva em certas regiões, como é o caso das margens do rio Javari, no Amazonas, e da bacia do rio Trombetas, no Pará, desconhecendo-se, porém, se em determinados locais encontram-se cinco ou seis povos específicos ou somente dois ou três com diversos aldeamentos apartados e distantes uns dos outros (GOMES, 2012).

Entretanto, ao contrário de outras populações do globo, que em sua grande maioria apresentam baixos índices de fecundidade (ou os estão reduzindo) e reduzidos indicadores de mortalidade (ou os estão baixando), ou seja, estão sucedendo a dita transição demográfica, os povos indígenas latino-americanos situam-se em um momento de crescimento demográfico. Assim, ao menos nos últimos dez anos, os elevados índices de fecundidade desses povos estão se mantendo, de maneira que sua média de crescimento anual está sendo avaliada em 3% ao ano. Tal fato demonstra que essas comunidades apresentam no momento uma dinâmica demográfica totalmente diferente da que é observada não apenas na América Latina, mas na maioria dos países do globo (AZEVEDO, 2008).

O fato de ter havido nos últimos 50 anos crescimento demográfico dos povos indígenas deve ser razão para a realização de muitas pesquisas, investigações e investimentos para que se possa conhecer de fato os motivos desse acontecimento. Seria isso algo similar ao "baby boom" pós-guerras? Será que o recente acréscimo populacional indígena é um acontecimento de recuperação demográfica ou é decorrente de uma nova dinâmica de composição que possui bases culturais e territoriais? Será possível que o aumento do contingente indígena seja uma mera fase momentânea que pode ocorrer várias vezes no começo da transição demográfica, caracterizada pela alta fecundidade e queda da mortalidade? Quais são os índices e contornos da fecundidade de povos indígenas? Quais são as distinções entre os variados elementos demográficos das populações indígenas (fecundidade, mortalidade e taxas de migração)? São questões que ainda não possuem respostas e explicações concretas.

Acredita-se que grande parte do acréscimo populacional das comunidades indígenas se deve ao fato de que nas últimas décadas cada vez mais pessoas se autodeclaram como indígenas. O advento desta recente autoidentidade indígena está sobreposta no histórico de luta pelos direitos indígenas. Com efeito, a ascensão do movimento indígena a partir da década de 70 do século pretérito, associada à ascensão de diversas organizações indígenas formais, serve de respaldo para a consolidação política dos povos indígenas nacionais. A reverberação do protagonismo do movimento indígena no empenho por seus direitos colaborou decisivamente não apenas para a fortificação do orgulho de ser indígena, mas também para a alteração no relacionamento de poder existente entre as comunidades indígenas e Estado brasileiro.

Três décadas de lutas das comunidades indígenas acarretaram grandes saldos de ordem política, jurídica e social ao cenário do país. Desde o aparecimento do movimento indígena e das organizações indígenas, na década de 1970, as articulações realizadas trouxeram o protagonismo da discussão pública, tanto na ordem nacional quanto estrangeira, sobre os direitos requeridos diretamente pelas comunidades indígenas, deixando então de depender de intermediários estatais ou não governamentais. Tal movimentação teve como ápice jurídico a promulgação da Constituição Federal de 1988, acompanhada da ratificação, no ano de 2002, do Convênio nº 169 da Organização Internacional do Trabalho e da Declaração das Nações Unidas sobre os Direitos dos Povos Indígenas, aprovada em 2007. Este conjunto de normas jurídicas trouxe consigo ordenamentos e regulamentações que tornam a reconhecer a pluralidade cultural e a composição social indígena, alcançando e assimilando seus indivíduos e comunidades (além de outros coletivos pertencentes às denominadas minorias vulnerabilizadas) como sujeitos de direitos, sejam eles individuais ou coletivos, e assegurando-lhes a situação de cidadania diferenciada, com sua inserção democrática nos corpos nacionais e enaltecimento da sistematização sociocultural das etnias existentes (OLIVEIRA; BELTRÃO; OLIVEIRA, 2009).

Convém trazer à análise o artigo 8 da Declaração das Nações Unidas sobre os Direitos dos Povos Indígenas (ONU, 2008):

> Artigo 8
> 1. Os povos e pessoas indígenas têm direito a não sofrer assimilação forçada ou a destruição de sua cultura.
> 2. Os Estados estabelecerão mecanismos eficazes para a prevenção e a reparação de:
> a) Todo ato que tenha por objetivo ou consequência privar os povos e as pessoas indígenas de sua integridade como povos distintos, ou de seus valores culturais ou de sua identidade étnica;

b) Todo ato que tenha por objetivo ou conse-quência subtrair-lhes suas terras, territórios ou recursos;

c) Toda forma de transferência forçada de população que tenha por objetivo ou consequên-cia a violação ou a diminuição de qualquer dos seus direitos;

d) Toda forma de assimilação ou integração forçadas;

e) Toda forma de propaganda que tenha por finalidade promover ou incitar a discriminação racial ou étnica dirigida contra eles.

Após a promulgação da Constituição Federal de 1988, que trouxe com ela o denominado "indigenismo gover-namental contemporâneo", as lutas pela consolidação e garantias dos direitos indígenas resultaram na ampliação da relação do Estado com os povos indígenas, por meio da concepção de diversos órgãos inseridos em ministérios com interação com os povos indígenas, quebrando assim a outrora vigente hegemonia da FUNAI. Também foram trazidos pelo Texto Constitucional de 1988 anseios de supe-ração formal da tutela dos povos indígenas por parte do Estado brasileiro, acompanhados do reconhecimento nor-mativo da diversidade cultural e da organização política dos indígenas (LUCIANO, 2006).

Insurge expressar de maneira uniforme que nenhuma espécie de cultura é passiva. Toda vertente cultural é ativa para fazer a leitura do que é exterior a ela, apropriando-o a partir de seus próprios atributos. Dessa maneira, as socie-dades indígenas também possuem maneiras próprias de ressignificar o que interpretam do restante do povo brasi-leiro. A utilização de vestuário e aparatos tecnológicos ou mesmo o simples uso de energia elétrica não têm o condão de fazer crer que os indígenas estão acabando.

Outra situação a ser considerada no acréscimo do contingente populacional indígena é o processo denominado de etnogênese, que faz menção ao fenômeno de recognição de povos que outrora se acreditou estarem extintos. São povos que, no decorrer da história, a fim de se salvaguardarem da crueldade das políticas de colonização e integração forçada, omitiram sua identidade indígena e posteriormente em um cenário mais favorável aos direitos indígenas, essencialmente depois da promulgação da Constituição Federal de 1988, passaram a combater, de maneira especial na região Nordeste, por seu reconhecimento perante a sociedade e o Estado Brasileiro.

Sobre etnogênese, expôs João Pacheco de Oliveira (1998):

> *Assim aparece, por exemplo, o termo "etnogênese", empregado por Gerald Sider (1976), no contexto de uma oposição ao fenômeno do etnocídio. Não caberia tomá-la como conceito ou mesmo noção, pois este e outros autores, que também aplicam a mesma ideia na etnografia de populações indígenas (como Goldstein, 1975), sequer sentem a necessidade de melhor defini-la, tomando-a como evidente. Em termos teóricos, a aplicação dessa noção — bem como de outras igualmente singularizantes — a um conjunto de povos e culturas pode acabar substantivando um processo que é histórico, dando a falsa impressão de que, nos outros casos em que não se fala de "etnogênese" ou de "emergência étnica", o processo de formação de identidades estaria ausente.*
> *(OLIVEIRA, 1998, p. 62)*

Finalmente, a noção equivocada de que os indígenas estão em extinção se deve, de maneira geral, ao pensamento de que, em sua maior parte, os indígenas da atualidade não correspondem ao estereótipo que a sociedade brasileira definiu a respeito deles. Então, por estarem fugindo dos padrões estereotipados, pressupõe-se a sua redução e o seu desaparecimento.

Mas tudo indica que os indígenas, em especial em contexto urbano, não recuaram em seu processo de encorajamento em declarar-se indígena. Muitos indígenas que vivem na cidade foram cadastrados nos dados do último Censo de 2023. E o número, que girava em torno de 800 mil indígenas, mais que duplicou para 1.652.876 (um milhão, seiscentos e cinquenta e dois mil, e oitocentos e setenta e seis).

A COVID-19 e o longo genocídio contra os povos originários:

> *"contra os povos indígenas, existiram ações e omissões, no período recortado da pandemia, que culminaram em um verdadeiro genocídio com o fito de reduzir não apenas seus direitos e terras, mas também sua população pelas mais variadas estratégias."* [17]

Evidentemente não objetivamos tornar este trabalho em algo datado que carregue a narrativa contemporânea dos fatos como se revelam os textos jornalísticos, tampouco como se aquilatam diversos textos no campo científico que buscam retratar a situação atual.

---

[17] GONZAGA, Alvaro de AZEVEDO. SENADO DA REPÚBLICA. Relatório Final da CPI da COVID. Documento nº 2.743. p. 637. Disponível em: <https://legis.senado.leg.br/comissoes/mnas?codcol=2441&tp=4>. Acesso em: 06 de janeiro de 2022.

Entretanto, após vivermos um dos momentos mais difíceis da história da humanidade, em especial aos povos originários, não por inabilidade destes, mas por políticas extremamente equivocadas do Governo Federal que, esperamos, se despeça no ano de 2022. Sim, referimo-nos à COVID-19, que trouxe uma verdadeira prática genocida. A dimensão do Genocídio já foi apresentada anteriormente em Parecer Técnico Jurídico, a pedido do Grupo Prerrogativas (carinhosamente chamado de Prerrô) e da Associação Brasileira de Juristas pela Democracia (ABJD), de lavra deste autor, junto à Comissão Parlamentar de Inquérito que apurou muitos dos atos do Chefe do Executivo Nacional, bem como de outros tantos que tiveram seus nomes apontados no Relatório Final desta CPI na condução do país nesse período pandêmico. A seguir, faremos considerações acerca desse tema na seara indígena.

Como já relatado anteriormente, as políticas de saúde aos povos indígenas é uma dos temas mais sensíveis e problemáticos da política indígena oficial. Isto porque as comunidades indígenas são vulneráveis a doenças advindas de indivíduos não-indígenas e vivem em muitas ocasiões em áreas isoladas e inacessíveis, sofrendo de doenças tais como malária, tuberculose, infecções respiratórias, hepatite e doenças sexualmente transmissíveis, além de várias outras. Os nossos povos indígenas têm enfrentado muitos encargos de saúde, desde o primeiro contato com sujeitos não-indígenas no século XVI, passando pelas epidemias de gripe e sarampo no século XX, pelo vírus H1N1 em 2009 e, mais recentemente, pela pandemia causada pelo novo coronavírus cujo início é atribuída ao final do ano de 2019.

Feitas essas considerações vestibulares, devemos aqui tramar as teias de considerações sobre o impacto da covid-19 nas comunidades indígenas e considerar que houve mais um ato genocida na história brasileira, nesse caso perpetrada pelo Estado Brasileiro, com o auxílio de organismos alegadamente protetivos aos povos originários. Se há indicativo de que houve um genocídio contra a população brasileira, certo é que ocorreu também um genocídio em face dos povos indígenas com absoluta segurança. Além de todas as subnotificações que certamente são muito maiores entre os indígenas, a quantidade média de óbitos entre eles é maior que a média nacional.

Antes de analisar os dados, é importante dimensionar que o Estatuto de Roma é claro com relação a delimitação do que significa genocídio, quer seja: praticar atos com intenção de destruir, no todo ou em parte, um grupo nacional, étnico, racial ou religioso por meio de estratégias dispostas no artigo 6º deste Estatuto que elenca as seguintes hipóteses: a) Homicídio de membros do grupo; b) Ofensas graves à integridade física ou mental de membros do grupo; c) Sujeição intencional do grupo a condições de vida com vista a provocar a sua destruição física, total ou parcial; d) Imposição de medidas destinadas a impedir nascimentos no seio do grupo; e) Transferência, à força, de crianças do grupo para outro grupo. Tal definição será nosso norte para a conclusão deste tópico.

Um dos maiores pesquisadores brasileiros acerca do genocídio indígena é Flávio de Leão Bastos Pereira. Em sua obra "Genocídio Indígena no Brasil", em um longo e robusto percurso, o autor, além de dimensionar o termo genocídio nos parâmetros legais, apresenta uma necessária leitura sobre o tema, mostrando diversas lentes sobre ela. De leituras eurocêntricas, eugênicas, liberais, conservadoras até a melhor lente, a decolonial latino-americana, em que o *Etnocídio* e o *Ecocídio* delimitam, entre tantas formas, a epiderme da morte indígena.

> *"Em conclusão, resta demonstrado que o modelo jurídico-penal adotado pela Convenção para Prevenção e Repressão ao Crime de Genocídio das Nações Unidas, de 1948, muito embora discipline aspectos importantes para alcançar os seus objetivos, apresenta também lacunas em relação aos processos Genocidários, tanto aqueles cometidos por Estados ditatoriais ou totalitários, cujas dinâmicas aproximam-se das balizas convencionais, mas que dela foram excluídos por razões de ordem política, quanto, em especial, em relação aos processos genocidas cometidos ou ainda em curso em sociedades formalmente democráticas, porém, nas quais vigoram visões etnocêntricas na distribuição do poder e de riquezas, gerando, assim, pressões destrutivas voltadas às bases de existência dos povos indígenas, pressões tais efetivas nas vias políticas, econômicas e sociais, com consequências etonicidas flagrantes. Por isso a necessidade de desenvolvimento de uma teoria do Genocídio considerando a realidade multicultural que caracteriza o Estado Brasileiro e, ademais, a própria América do Sul."* (PEREIRA, 2018, p. 181)

As primeiras amostras, ainda do ano 2020, indicam que ocorrera um número muito maior de indígenas infectados a cada 100 mil habitantes no país, especialmente na região Norte. Dados coletados e consolidados apontam que a taxa de mortalidade pelo novo coronavírus entre indígenas é

150% mais alta do que a média brasileira e 19% mais alta do que a registrada somente na região Norte. Tais dados mostram que esta é a taxa mais elevada entre as cinco regiões do país. Do mesmo modo preocupante é a taxa de letalidade levantada, isto é, quantas pessoas infectadas pela doença vieram a óbito: entre os indígenas, o índice é de 6,8%, enquanto a média para o Brasil é de 5% e, para a região Norte, de 4,5% (FELLOWS, 2020).

À época da obtenção dos referidos dados, já dispúnhamos de números alarmantes, mas a situação se agravou para as populações indígenas, afinal em março de 2021 já se reportavam 601 óbitos de indígenas e 44.571 casos de covid-19. A taxa de mortalidade do novo coronavírus a cada 100 mil habitantes entre esses povos chega a ser sete vezes maior do que a da população brasileira, comparada em diferentes faixas etárias.[18]

Após a constatação destes alarmantes dados, o Governo Federal altera os critérios de constatação de mortes por COVID-19 suprimindo os dados dos indígenas que falecem nas cidades e áreas urbanas dos relatórios oficiais de mortalidade sobre este grupo específico. Essa supressão das estatísticas revela o claro fito de enublecer os dados que já mostravam-se incontestes de uma clara política genocida deste governo contra os povos originários. Ainda assim, o Comitê Nacional pela Vida e Memória dos Povos Indígenas seguiu reportando e contabilizando tais casos, de maneira a registrar os seguintes dados até a data de até 29 de setembro de 2021: 59.118 casos de covid-19 confirmados, 1.203

---

[18] GONZAGA, Alvaro de AZEVEDO. SENADO DA REPÚBLICA. Relatório Final da CPI da COVID. Documento nº 2.743. p. 637. Disponível em: <https://legis.senado.leg.br/comissoes/mnas?codcol=2441&tp=4>. Acesso em: 06 de janeiro de 2022.

óbitos de indígenas e 163 povos afetados.[19] Assim sendo, não há dúvida de que houve um recente genocídio em face da população indígena brasileira e que ocorreram ações e omissões por parte do Governo Federal, no período recortado da pandemia, que resultaram na redução não apenas dos direitos e terras dos povos indígenas, mas também de seu próprio contingente pelas mais variadas estratégias.

Como anunciamos na epígrafe deste tópico, o Governo Federal Brasileiro agiu e age contra os povos indígenas, com ações e omissões, não de hoje, mas certo é que no período recortado da pandemia, catalizados os atos que desenham o genocídio com o fito de reduzir não apenas seus direitos e terras, mas também sua população pelas mais variadas estratégias.

E as estratégias genocidas foram advertidas por este autor antes mesmo da publicidade do caso yanomami revelado pela grande imprensa em janeiro de 2023, em que centenas de crianças morreram de desnutrição ou mesmo de malária por ausência de medicação, alimentos e água. Em diversos momentos, esse fato foi denunciado não apenas pelos indígenas afetados diretamente, mas em relatórios, estudos e de tantas outras formas.

---

[19] ARTICULAÇÃO DOS POVOS INDÍGENAS DO BRASIL – APIB. **Dados Covid 19** - Emergência Indígena. Disponível em: <https://tinyurl.com/36vf8b56>. Acesso em: 05 de janeiro de 2022.

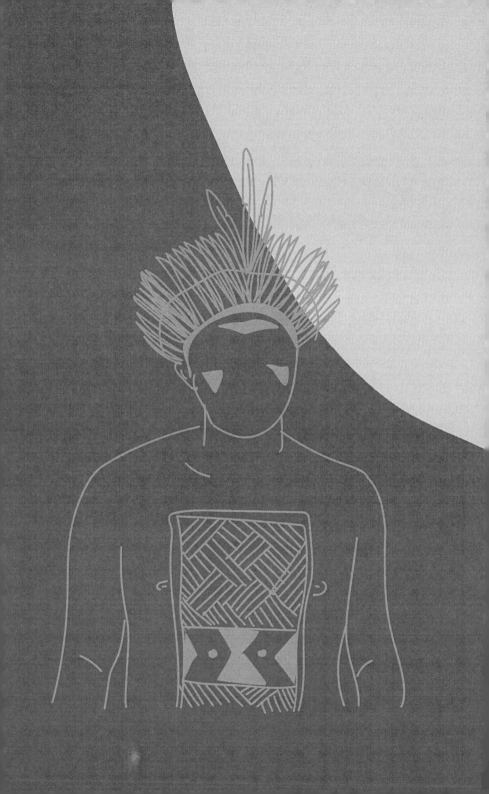

6° MITO:

Ah, que saudades dos militares! Relatório Figueiredo: Etnocídios e Normaticidíos. [20]

---

[20] Capítulo elaborado tomando como referência a bibliografia acostada, bem como da pesquisa realizada a partir das exposições realizadas no I Simpósio de Etno-história e História Indígena organizado pela Universidade Federal da Grande Dourados (UFGD). Disponível em: <https://youtu.be/p-HKBCyzeW8>. Acesso em: 08 out. 2020.

O Relatório Figueiredo é composto por sete mil folhas contidas em trinta volumes e é fruto das investigações realizadas por comissão de inquérito instaurada pelo General Afonso Augusto de Albuquerque Lima, então Ministro do Interior e que foi coordenada por Jader de Figueiredo Correia, que na ocasião era Procurador do Departamento Nacional de Obras Contra a Seca. Inclusive, é em virtude do sobrenome deste último o nome do Relatório que se trata. O único volume do Relatório que jamais foi localizado é o volume nº 02.

Tal Relatório é um documento que demonstra algumas das feridas do Brasil, afinal é o mais relevante documento produzido pelo Estado Brasileiro que possibilita a reflexão sobre como este lidou e se relacionou com os autóctones presentes em seu território até o ano de 1967, ano em que foi criada a FUNAI.

Há de ser considerado que a etnicidade é um componente político e nele é retratado que o genocídio foi a opção tomada pelo Estado a favor dos anseios daqueles que detinham o Poder.

A fim de que fossem apuradas denúncias realizadas relativas às práticas de corrupção referentes ao Serviço de Proteção aos Índios (SPI), Jader de Figueiredo Correia percorreu o Brasil e visitou vários locais buscando investigar irregularidades cometidas pelos funcionários do Serviço[21].

Segundo a Comissão Nacional da Verdade (CNV), o SPI era um órgão do Estado brasileiro cuja atribuição era desempenhar a proteção e assistência aos povos indígenas

---

[21] O Serviço de Proteção aos Índios, que era parte integrante do Ministério da Agricultura, Indústria e Comércio (MAIC), foi um órgão criado em 1910 na vigência do governo do presidente Nilo Peçanha e tinha como finalidade fornecer amparo à população indígena nacional, tendo sido organizado pelo Marechal Cândido Mariano da Silva Rondon, que foi seu primeiro diretor. O SPI vigorou até 1967, ano em que foi extinto e substituído pela Fundação Nacional do Índio (FUNAI).

nas diversas áreas da vida cotidiana, como a saúde, a educação e a demarcação das terras indígenas, além de ter a função de atender aos indígenas com recursos e inseri-los no cerne do processo civilizatório do homem branco, na medida em que visava introduzir os povos indígenas à sociedade, capacitando-os para novos tipos de trabalho. Entretanto, enquanto protetores, os servidores do SPI não cumpriram com suas atribuições[22] (IOIÔ, 2018).

Em que pese tenha percorrido várias regiões, não foi possível a Jader de Figueiredo tomar nota de tudo que acontecia com os indígenas, afinal na época as comunicações eram feitas por intermédio do rádio a cada posto de partida e chegada, de forma que entre um local e outro, determinados documentos podem ter sido subtraídos e certas situações podem ter sido acobertadas ou maquiadas.

Entretanto, as dificuldades não impediram que Jader de Figueiredo se estarrecesse com as situações verificadas. Com isso, o Relatório desenvolvido é uma fundamental coletânea de denúncias que são utilizadas para traçar a História Indígena. Neste ponto, é fundamental dizer que a escrita da história indígena é fundamental para realçar os Direitos Humanos, na medida em que foi atestado o etnocídio realizado contra a população indígena, etnocídio este que é o primeiro passo do genocídio.

Qualquer um dos volumes do Relatório Figueiredo traz situações descritas de graves violências cometidas por funcionários do governo. Existe um volume denominado "Relatório Síntese", documento este em que foram apresentadas todas as denúncias classificadas com tipos penais a fim de que o leitor tivesse conhecimento. Os registros

---

[22] Sobre o tema, recomenda-se a leitura de LIMA, Antonio Carlos Souza. **Um Grande Cerco de Paz. Poder tutelar, indianidade e formação do Estado no Brasil**. Petrópolis: Vozes, 1995, 335 págs. + Caderno Iconográfico.

realizados tratam do etnocídio para a seguir correlacionar tal prática com a política indigenista concebida pelo Serviço de Proteção aos Índios e na sequência fazer reflexão sobre todas as suas consequências na esfera social.

O sofrimento indígena retratado no Relatório Figueiredo se iniciou com o que foi chamado de "pacificação", afinal os povos indigenistas eram retirados de seu isolamento voluntário para que convivessem com o homem branco e eram feitos dependentes deste último.

No mês de março do ano de 1968, o General Afonso Augusto de Albuquerque Lima demonstrou em entrevista fornecida no Rio de Janeiro o produto final do Relatório Figueiredo. O documento expôs a corrupção realizada de forma endêmica, as técnicas de tortura, a escravidão e a utilização abusiva do patrimônio dos indígenas pelos servidores do então existente Serviço de Proteção aos Índios. Foram relatados, inclusive, massacres de indígenas que já haviam sido denunciados, mas que não foram averiguados a tempo, como a "chacina do Maranhão", cometida por proprietários rurais da região, o extermínio de uma tribo situada em Itabuna-Bahia, a vetorização do vírus da varíola e também o atentado contra a etnia dos Cintas Largas, no estado do Mato Grosso.

Em decorrência do que foi investigado e apurado pela comissão de inquérito e pelo Relatório Figueiredo, inclusive porque houve uma forte repercussão estrangeira, o então Ministro do Interior Gal. Albuquerque Lima extinguiu em 1967 o Serviço de Proteção ao Índio, criando então um órgão em sua substituição, a Fundação Nacional do Índio – FUNAI, criada pela Lei nº 5.371 de 1967. Com a finalidade de atenuar as mazelas causadas pelo SPI e colocar em prática novas ações indigenistas alinhadas com os planos de desenvolvimento econômico do Brasil, este novo órgão se deu sob o comprometimento de que os indivíduos abrangidos sofreriam as punições cabíveis e de que todas as terras alienadas ilegalmente ou apropriadas dos indígenas seriam restabelecidas, o que jamais se deu totalmente (GUIMARÃES, 2013).

Durante a década de 60 o intuito do Estado Brasileiro era o de ocupar a região amazônica que entendia estar desocupada, afinal na região se encontravam autóctones. Durante a ditadura militar, o que parece é que todas as regiões que eram tratadas como áreas vazias eram com frequência terras ocupadas por populações indígenas. Tais terras foram denominadas no Relatório como terras silvícolas. Segundo o Relatório, era necessário fazer a assimilação dos nativos que se encontravam nas áreas fronteiriças brasileiras. Como era muito difícil a tarefa de administrar todas as fronteiras do Brasil em nome da segurança nacional, o SPI permitiu a colaboração de forma voluntária de missionários brasileiros e estrangeiros, dando a eles a permissão de atuarem em meio aos indígenas. Tal cenário fez com que rapidamente ocorressem diversos conflitos de interesse, acentuando-se com sérias concorrências entre os missionários nacionais e os provenientes de outros países, além de disputas entre estes últimos e os militares do Exército Brasileiro. Tal rivalidade inclusive extrapolou as questões que dizem respeito à segurança nacional.

O Relatório Figueiredo também retratou uma encoberta disputa entre as igrejas Católica e Protestante, que pode ser notada observando-se a maneira como os militares se referiam a estas instituições, afinal tratavam as igrejas não católicas sob a alcunha de seitas, depreciando-as e estabelecendo com isso uma hierarquia entre as igrejas. Outro fator observável nos documentos constantes do Relatório

Figueiredo é a ocorrência da xenofobia expressa nos temas que diziam respeito à defesa da segurança nacional.

Os agentes do SPI utilizavam-se de técnicas racistas, afinal além de agirem em detrimento da existência e meios de organização social das comunidades indígenas, também os evidenciavam como animais, inclusive se aproveitando de sua condição para recebimento de pecúnias. Ressalta-se, está presente no Relatório o episódio em que o SPI atribuiu a determinada etnia indígena a prática de canibalismo como tentativa de comoção nacional e comercializou rolos de fotografia da alegada situação. Estão presentes no Relatório denúncias e apurações de furtos e roubos de utensílios realizados por missionários em aldeamentos. Houve queixas de que funcionários públicos chegaram a vender crianças indígenas com a finalidade de servir aos perversos instintos sexuais de determinados indivíduos.

Um elemento importante a ser notado, que ocorria na época e que se faz presente até os dias de hoje, é o fato de que os órgãos que alegadamente serviriam para amparar os indígenas eram ocupados por militares e não indígenas que poderiam respeitar sua ancestralidade. Também há de se ressaltar que era prática recorrente, muitas vezes com o auxílio de agentes do SPI, a transformação dos povos indígenas em mão de obra por parte de agrupamentos que se instalavam de maneira ilegal em territórios indígenas, contribuindo para a dissipação do patrimônio dos indígenas. A utilização da força de trabalho indígena para interesses alheios de terceiros ultrajava a organização social indigenista e seus meios e técnicas próprias de agricultura e manejo da terra não eram considerados adequados pelo homem branco.

Os frutos da política etnocida praticada pelos povos indígenas era celebrada, conforme consta em diversos momentos retratados no Relatório Figueiredo, de maneira que o indivíduo indígena era encarado como um ser humano "recuperável". Foram travadas de maneira consistente discussões a respeito da possibilidade de se obrigar os autóctones a abandonarem suas estruturas sociais próprias e se adequarem à organização da sociedade branca. Nestes termos, a política indigenista do Estado Brasileiro almejava a integração e a desracialização (desetinização) das comunidades indígenas, afinal de contas a prática do racismo pode ser notada a todo momento na leitura do Relatório.

A impressão que se tem é que o valor da vida humana indígena não era o mesmo da vida de seus opressores. Nesse processo de colonização cultural possivelmente os ancestrais europeus tenham herdado o conceito romano arcaico de *homo sacer* ao sagrar determinados homens aos deuses e torná-los "matáveis"[23]. A área que diz respeito aos indígenas é uma região sujeita a infindáveis hostilidades e querelas e

---

[23] Sobre essa temática, contemporaneamente, Giorgio Agambem retoma esse conceito *homo sacer*. A esse respeito já tivemos a oportunidade de prefaciar a obra *Política e desumanização: aproximações entre Agamben e a psicanálise* de Marcus Teshainer em que nos manifestamos:
"Com relação à bipartição da vida em duas perspectivas: temos que uma vida está ligada ao *Zoé*, conceito de vida natural (biológica) e temos a Transcendência e o ***Bios***, que está muito mais ligado ao conceito de vida humana (vida contemplativa) ou a Imanência.
Desta forma, o autor aponta de maneira muito acertada e nos desperta para reflexão sobre uma inversão contemporânea, sendo que o homem começa a buscar uma universalidade que traz em si um caráter inumano ao *bios*, ressaltando a única importância do *Zoé*, e criando assim a vida nua (sem o bios). E é nisso que brota a crítica aos direitos humanos.
Com relação à vida e ao Estado, chegamos ao momento em que o autor da tese, com base nas lições de Agamben, nos conclama à percepção de que atualmente o 'Estado Faz Sobreviver e Faz Morrer' apresentando uma própria **tanatuspolítica**. É assim que a Vida entra para a política somente como Zoé, e isso conduz a uma preocupação do ESTADO com a vida. E, por isso, vemos um estado que quer regular a VIDA (ZOÉ) com relação a temas da volição do ser contemplativo (bios). (...)
E de toda a leitura surgem diversas angústias, a mim surge uma muito candente: *Quem será o próximo Homo Sacer?*".

que se pode observar controvérsias entre diversidade e desigualdade, etnicidade e estratificação social, mecanismo de reciprocidade e lógica de discriminação, componentes estes tão presentes no estudo da antropologia latino-americana.

É dito que há semelhança entre a história indigenista e a história dos povos da África trazidos à força ao território brasileiro, sobretudo porque estes últimos também sofreram a queima de diversos documentos produzidos que tratavam de sua opressão sofrida, de maneira que tiveram impossibilitada a escrita de sua história. A verificação do Relatório Figueiredo acontece em ocasião em que pesquisadores, sejam eles indígenas ou não, podem despender esforços para trazer à luz temáticas que ainda são tabus em nosso país.

Nesses termos, é evidente a importância de cunho histórico, sociológico, antropológico, filosófico e jurídico do Relatório Figueiredo, afinal este nos dirige a diversas indagações sobre a verdadeira versão da história indigenista e sobre todos os direitos que foram e são negados aos indígenas desde o dito "descobrimento" do Brasil em 1500. As situações narradas pelo Relatório remetem à política indigenista etnocida.

A antropologia afirma que, levando-se em consideração o contexto social, o desempenho de posições etnocidas desenrola-se em cenários de elevada violência, de maneira que é possível ser realçada a existência de interações bélicas entre grupos eticamente diferentes e opressores, pautada pela injunção de mecanismos de aculturação que arruínam os valores sociais e morais daqueles que são subjugados pelo colonialismo.

Com frequência, o termo etnocídio é utilizado pela antropologia para narrar situações de alteração cultural forçada, que é justamente o que se verifica pelas diversas situações narradas no Relatório Figueiredo. O etnocídio é parte integrante da história indígena e é evento violento não só no que diz respeito ao ultraje da cultura, mas também em termos físicos no que diz respeito ao que foi causado ao indigenato. Nesse sentido, ao se estudar o etnocídio realizado contra os povos indígenas, fica evidente a violação a direitos étnicos e a possibilidade de reparação aos danos a eles causados.

Com o fim do regime militar, muitas normas protetivas dos povos originários foram propostas e aprovadas. Normas estas que veremos a seguir e que já vimos anteriormente. Entretanto, a promulgação e recepção dessas normas protetivas aos povos originários não significa que sejam garantias de efetivação dos direitos ali dispostos.

O esforço covarde para estrangular essas normas, revogando-as, em um momento de perseguição aos povos originários, sempre foi um refrão nessa letra musical que entoam os etnocidas e dilacera uma etnia com culturas anacrônicas às suas ancestralidades. Com isso, a tentativa etnocida de exterminar normas protetivas aos indígenas nos permite criar o neologismo *Normaticídio*[24].

Alguns normaticídios que podemos apontar aqui são os Projetos de Lei 191 e 490, aquele busca flexibilizar ainda mais os critérios de garimpagem no país, e este a proposta legislativa do marco temporal; além da lei 6.299, que dá conta do projeto que defende o agrotóxico, e da Resolução 04/2021, que buscava reconstruir a dimensão de heteroidentificação de forma totalmente equivocada, partindo para uma provável eugenia da década de 30 do século passado.

---

[24] Normaticídio: a revogação ou denúncia de normas protetivas de populações vulneráveis com o fito etnocida ou com intuito de minorar garantias estatuídas pela norma revogada.

7º MITO:

Os primeiros brasileiros da história são os Indígenas.

"Dizem que os indígenas são os primeiros brasileiros da história. Na verdade, os silvícolas são um dos últimos a terem sua cidadania reconhecida"

No Brasil, a existência dos indígenas, da mesma forma que a dos negros, é caracterizada por constante discriminação e marginalização, marcada pela seguida recusa de concessão de dignidade aos integrantes destes grupos e também pela exclusão nos processos de tomada de decisão. Segundo Florestan Fernandes, mesmo após o fim da escravidão, embora a sociedade brasileira tenha sofrido modificações em sua composição e funcionamento, não se notou afetação na ordenação das relações raciais. Tal conjuntura gerava a necessidade de absorção destes grupos às formas de vida social competitiva, bem como se deparava com o dilema de preconceito racial, sob o pensamento arcaico de que havia relação ínfima entre cor e posição social, excluindo o negro e o indígena da posição de "gente".

Na vigência do período colonial brasileiro, o plano de expansão de território tido como europeu admitiu a existência de populações diferenciadas, declarando guerra contra estas, subjugando-as à dominação e à escravidão e legislando com a intenção de integrar os autóctones aos modelos propostos pelos colonizadores. Tal integração se deu de várias maneiras, como pelo catecismo, pelo matrimônio ou pela inserção da mão de obra indígena aos modelos de trabalho do homem branco. Naquele período (e até a promulgação da Constituição Federal de 1988), o nativo não tinha reconhecido seu direito de permanecer indígena sem que fosse necessária sua integração na sociedade brasileira, nem sua titularidade de direitos coletivos (MARÉS, 1998).

Isto porque antes do final do século XX as políticas públicas dos Estados Nacionais, corroboradas pela Convenção 107 da OIT e o silêncio das demais entidades de cunho internacional, eram na direção de admitir direitos coletivos somente enquanto os indivíduos não estivessem integrados no sistema de produção preponderante. Referida Convenção, datada de 1957 e revogada em 1989 pela Convenção 169 da OIT, era concernente à proteção e integração das populações indígenas e outras populações tribais e semitribais de países independentes, e previa em seu artigo 1º (OIT, 1957):

> 1. *A presente Convenção se aplica:*
> *a) aos membros das populações tribais ou semitribais em países independentes, cujas condições sociais e econômicas correspondem a um estágio menos adiantado que o atingido pelos outros setores da comunidade nacional e que sejam regidas, total ou parcialmente, por costumes e tradições que lhes sejam peculiares por uma legislação especial;*
> *b) aos membros das populações tribais ou semitribais de países independentes que sejam consideradas como indígenas pelo fato de descenderem das populações que habitavam o país, ou uma região geográfica a que pertença tal país, na época da conquista ou da colonização e que, qualquer que seja seu estatuto jurídico, levem uma vida mais conforme às instituições sociais, econômicas e culturais daquela época do que às instituições peculiares à nação a que pertencem.*
> *2. Para os fins da presente convenção, o termo "semitribal" abrange os grupos e as pessoas que,*

embora prestes a perderem suas características tribais, não se achem ainda integrados na comunidade nacional.

Tal conduta dos Estados acabava por traduzir negação dos direitos, que seriam temporários. Em outras palavras, havia um modo de pensar que induzia ao não reconhecimento para propiciar a integração. Se tal relacionamento contraditório proporcionava uma visibilidade às comunidades indígenas, exaltada como boa postura pelos Estados Nacionais, era totalmente negada a todos os demais povos. Assim, os direitos coletivos, temporários e transitórios, eram reconhecidos somente aos povos indígenas originários, e não a todos, e era refusada a qualquer outro que não fosse ou que tivesse algum entrevero para mostrar que era mesmo indígena (CUNHA; BARBOSA, 2018).

Durante o colonialismo português no Brasil, ao se analisar rapidamente a legislação então vigente, fica evidente a distinção que a Coroa Portuguesa fazia em relação aos povos indígenas de que tinha conhecimento: nativos "amigos", também chamados de "aliados" ou os indígenas "inimigos", também denominados como "bravos". Os indígenas "amigos" eram aqueles que supriam os interesses da Metrópole e trabalhavam na condição de escravos a favor das colônias e os "inimigos" eram os que resistiam à catequese católica e às imposições de "pacificação" para tornarem-se "civilizados". No que diz respeito aos autóctones "amigos", era conhecida a política chamada de "descimento", que nada mais era do que a prática de persuasão dos indivíduos indígenas para se deslocarem de suas terras de origem para aldeamentos localizados nas proximidades das colônias portuguesas, sem que fosse necessária a utilização da força física e violência.

A razão dada ao método do descimento era a demanda por disponibilização de mão de obra e o intuito de "civilizar" os povos indígenas. A "liberdade" foi concedida aos indígenas aldeados e "aliados", porém o estado de "não-escravização" era possível desde que obedecessem a um regime de trabalho que era compulsório, sem que fosse esboçado qualquer tipo de revelia ou insubordinação aos colonos. Tal política foi praticada durante basicamente todo o período colonial.

As razões filosóficas para que houvesse a conservação da situação de guerra contra os agrupamentos indígenas que resistiam ao contato com o homem branco tinham como ponto de partida a dedução de que somente seria viável lidar com tal fragmento populacional por meio da colocação forçada da escola rigorosa e austera a fim de que fosse possível esquecerem de sua "natureza rude" e, dessa forma, atingirem o status da "civilização". Se isso não ocorresse, não seria compensatório mantê-los vivos e para que a meta fosse atingida, era imprescindível tornar os silvícolas indisciplinados em encarceramentos de guerra, destinando-os ao trabalho compulsório que fosse conivente ao branco dominante por um momento entendido como crucial para que se tornassem súditos encaixados aos anseios de seus proprietários e consequentemente do Estado. Por conseguinte, a conservação do escravismo era sustentada por seu alegado "viés pedagógico", de maneira a viabilizar que os silvícolas se desfizessem de sua hostilidade e atrocidade congênitas, preparando-os para a prática de atividades proveitosas e fazendo-os aceitarem sua subjugação aos atos normativos vigentes para promovê-los ao estado de seres humanos (PARAÍSO, 2010).

Para que fosse considerada lícita, a escravização de indivíduos indígenas somente poderia decorrer da ocorrência da "Guerra Justa", ou seja, quando havia o oferecimento de resistência aos anseios impostos pelo colonizador branco. Tal "Guerra Justa" gerava a discussão sobre o que era considerado justo para a captura de um "selvagem" e emanava grande violência. O que era consenso é que a captura de silvícolas "bravos" era um ato justo. Com a finalidade de conter os descomedimentos que ocorriam na colônia brasileira, houve a decretação pela Coroa das Leis de Liberdade nos anos de 1609, 1680 e 1755, atingindo todos os indígenas sem exceção, de forma que foi extinta a diferenciação entre nativos "amigos" e "inimigos". Tais leis entraram em vigência em virtude da demanda das propriedades coloniais por mão de obra barata e porque a Coroa almejava exercer o monopólio do tráfico de escravos negros que se opunha à escravidão de indígenas, de tal forma que o que se deu foi a reposição da escravidão indígena pela africana (LOPES, 2014).

Tratando sobre esse assunto, discorreram Lilia Moritz Schwarcz e Flávio Gomes (2018):

> As noções de "cativeiro justo" e "guerra justa" desempenharam, portanto, papel central no pensamento jurídico-teológico dos impérios ibéricos, e foram evidentemente estendidas ao Novo Mundo. No Brasil, a orientação favorável à liberdade natural dos indígenas não os livrou da escravização, que também foi legitimada pelo mesmo conceito. Ao longo do século XVII, quando a importância dos escravos africanos crescia na sociedade colonial brasileira, o trabalho escravo indígena, embora ainda usado em larga escala, passou a ser paulatinamente substituído pelo africano. Datam desse período as primeiras disposições a respeito da ilegalidade da

escravização de indígenas, baseadas na premissa de que eles estariam abertos à evangelização. Com o apoio da Igreja católica, a Coroa portuguesa promulgou em 1609 e 1680 leis que defendiam a liberdade dos indígenas, independentemente das circunstâncias em que haviam sido apresados. Essas leis foram reforçadas em 1755, quando a chamada Lei da Liberdade, como era popularmente conhecida, destacou a liberdade integral dos índios, considerando-os vassalos do rei de Portugal como quaisquer outros. Ainda assim, continuou sendo possível declarar guerra justa a grupos indígenas específicos, que eram então legalmente escravizados. A última guerra justa foi declarada por d. João VI contra os botocudos, em 13 de maio de 1808. (SCHWARCZ; GOMES, 2018, p. 173)

Sérgio Buarque de Holanda (1995) teceu o seguinte comentário:

> *O reconhecimento da liberdade civil dos índios mesmo quando se tratasse simplesmente de uma liberdade "tutelada" ou "protegida", segundo a sutil discriminação dos juristas - tendia a distanciá-los do estigma social ligado à escravidão. É curioso notar como algumas características ordinariamente atribuídas aos nossos indígenas e que os fazem menos compatíveis com a condução servil - sua "ociosidade", sua aversão a todo esforço disciplinado, sua imprevidência, sua intemperança, seu gosto acentuado por atividades antes predatórias do que produtivas - ajustam-se de forma bem precisa aos tradicionais padrões de vida das*

classes nobres. E deve ser por isso que, ao procurarem traduzir para termos nacionais a temática da Idade Média, própria do romantismo europeu, escritores do século passado, como Gonçalves Dias e Alencar, iriam reservar ao índio virtudes convencionais de antigos fidalgos e cavaleiros, ao passo que o negro devia contentar-se, no melhor dos casos, com a posição de vítima submissa ou rebelde. (HOLANDA, 1995, p. 56)

Também sustentou Sarah Campelo Góis (2006):

Na América portuguesa, logo que foi constatada a inexistência de metais preciosos, pelo menos, em curto prazo, os europeus viram a necessidade de estabelecer a empresa colonizadora a partir do cultivo de produtos tropicais, principalmente de cana-de-açúcar, organizadas sobre o sistema de plantations, ou seja, em grandes propriedades (latifúndios) monocultoras baseadas no trabalho escravo, sobretudo africano, e dedicadas à exportação. Não havia um grande interesse em se utilizar a mão de obra indígena, pois os índios pouco conheciam das técnicas agrícolas e para a Coroa portuguesa era muito mais rentável a escravidão africana (isso não significa dizer que não houve escravidão indígena no Brasil). Foi por todos esses fatores que a colonização portuguesa se deu prioritariamente no litoral, a localização das lavouras perto dos portos era fator fundamental para o sucesso desta atividade. (GÓIS, 2006, p. 6)

Um dos pontos que afligiram o Estado de Portugal e o brasileiro foi qual é a colocação do indígena na sociedade e se lhe seria dada autorização de participar inteiramente como submisso ou como pleno cidadão. Tal questão demandava cautela especial na consolidação do Estado brasileiro e em meio a tantos temas discutidos na Assembleia Constituinte de 1823, o questionamento sobre qual seria a colocação do indígena no Estado-Nação foi crucial. Assim sendo, indagou-se se seria conferida ao autóctone a situação de cidadão e se nesta condição teria seus direitos reconhecidos. Tal assunto fora o cerne de moções oferecidas por José Bonifácio de Andrada e Silva e foi debatido em meio às atividades daquela Assembleia Constituinte levantando uma série de incertezas e controvérsias.

A respeito, dissertou Fernanda Sposito (2006):

> *Os indígenas também se enquadravam no papel de escravos, ainda que, segundo a lei, sua escravidão estava restrita às atividades produtivas e não a um mercado de mão de obra, como no caso negreiro. Além do que, seu trabalho compulsório era temporário e não abarcava a totalidade dos nativos no território luso-brasileiro, pois eles só seriam escravizados se fossem hostis aos colonizadores ou nacionais, prestando serviços por até 15 anos. De qualquer forma, os indígenas, cativos ou não, só estariam dentro da sociedade nacional uma vez que estivessem imbuídos da cultura ocidental, abandonando seus hábitos de origem, como idioma, vestuário, religião. Isso implica que eles poderiam compor a nação à medida que deixassem de ser justamente o que eram: indígenas.*
> (SPOSITO, 2006, p. 25-26)

Para o Estado, encarado neste cenário como fundamental manejador da política, afinal era quem poderia agir ou se omitir no que dizia respeito à destinação das comunidades indígenas, o assunto do local onde tais grupos poderiam ocupar, na realidade, sempre foi um contratempo de tortuosa elucidação. Naquele contexto, se os povos indígenas fossem reconhecidos como os pioneiros proprietários do Brasil, significaria reconhecer seu direito às terras que ocupavam, o que ia em rota de colisão aos anseios das elites dominantes e do restante do povo, fragmentos sociais que almejavam a expansão em série do sistema de tomada e aproveitamento de todas as terras que integravam o território do país. Além disso, admitir os indígenas como pioneiros e legítimos proprietários de terras traduziria a negação da justificativa e legitimidade de existência do Estado, que era a de unificar o território sob o controle estatal. Ao se sentirem integrantes factuais da nacionalidade, os membros da Assembleia Constituinte colocavam-se como capacitados a traçar os pressupostos e exigências para o exercício da cidadania. A concepção de cidadania e sobre como e em que circunstâncias a exercer coadunava com as ideias do início do século XIX que definiam uma relação direta entre a cidadania e a propriedade particular de glebas, sendo a pátria o lugar elegido pelo indivíduo para desempenhar suas práticas econômicas e repartir o gozo da liberdade (PARAÍSO, 2010).

Depois de centenas de anos de opressão colonial caracterizados por diversas formas de violência (afinal esta não precisa ser necessariamente física), como a utilização forçada de sua mão de obra e o não reconhecimento de sua identidade, gerando diversas consequências prejudiciais à sua composição social, sobretudo pela centralização fundiária, houve um momento em que se pensou que as populações indígenas iriam pouco a pouco ser extintas enquanto grupos étnicos, de maneira que seriam culturalmente inseridas à sociedade dominante (CUNHA; BARBOSA, 2018). Os Estados nacionais desenvolveram com maior realce o discurso de que deveria haver a integração de todos os indivíduos como cidadãos e agindo representando um suposto direito de adquirir garantias e salvaguardas, negligenciaram a existência de diferentes povos e etnias. Assim, não apenas os indígenas, mas todos os demais grupos de minorias foram afetados por uma exclusão estatal de diversos direitos, justificada pela aquisição da "cidadania".

Explicou Manuela Carneiro da Cunha (2018):

> *A questão do que fundamenta os direitos territoriais dos índios é essencial. Nos textos constitucionais de 1946 (art. 5º), 1967 (art. 8º) e 1969 (art. 8º), estipulava-se que competia à União legislar sobre "a incorporação dos silvícolas à comunhão nacional". Essa "incorporação", cuja variante era "integração", era entendida pelos órgãos oficiais como "assimilação". Ou seja, o intuito da política indigenista republicana e, explicitamente, a partir de 1946, era a destruição das tradições indígenas, tornando os índios "cidadãos comuns", sem atentar aparentemente para o fato de esses novos cidadãos serem, como lembrou Darcy Ribeiro, cidadãos de terceira classe. Em poucas palavras, o programa era o etnocídio, a destruição das sociedades indígenas. Esse programa de "assimilar os índios" foi expressamente revogado na Constituição de 1988 no caput do artigo 231. (CUNHA, 2018, p. 440)*

Em comparação aos Textos Constitucionais anteriores, a Constituição Federal de 1988 é considerada arrojada no que diz respeito ao tratamento aos indígenas. A autonomia dos povos indígenas foi enfatizada, na medida em que o modelo plural da sociedade brasileira foi enfatizado e que foi deposto o modelo assimilacionista antes presente. Assim sendo, no seio de seu texto, a Constituição Federal demonstrou preocupação aos modos indígenas de vida, suas tradições, valores e costumes. De igual forma, foram reconhecidas as terras que tradicionalmente ocupam e onde vivem. O conceito de que o Brasil garante direitos aos povos indígenas é comumente defendido em doutrinas de Direito constitucionalistas, de forma que foi aberta uma inovadora maneira de tratar a questão destes grupos, extrapolando os ideais de tutela estatal e de hierarquização e/ou homogeneização de coletivos. Tal modificação de pensamento se deu por meio de lutas de longa data visando ao reconhecimento e à afirmação de identidades étnicas.

O Texto Constitucional de 1988 limou o modelo de necessidade de integração do indígena para obtenção de sua cidadania, tendo em vista que expandiu dois novos horizontes extremamente importantes: por um lado, de maneira abrangente a todos, o Texto Constitucional estabeleceu a viabilidade de recepção dos direitos coletivos, a exemplo do direito ao meio ambiente ecologicamente equilibrado, o direito do consumidor de receber serviços de boa qualidade das prestadoras de serviços públicos essenciais, a própria proteção da comunidade indígena e todos os outros direitos denominados difusos em oposição aos chamados direitos individuais. Por outro lado, especificamente no que diz respeito aos indígenas (e aos remanescentes dos quilombos), a Constituição de

1988 descontinuou o princípio da integração que vigeu a política indigenista desde o "descobrimento" do Brasil. Neste momento, merecem ser transcritos três artigos da Constituição Federal de 1988[25]:

> "Art. 215. O Estado garantirá a todos o pleno exercício dos direitos culturais e acesso às fontes da cultura nacional, e apoiará e incentivará a valorização e a difusão das manifestações culturais.
> § 1º O Estado protegerá as manifestações das culturas populares, indígenas e afro-brasileiras, e das de outros grupos participantes do processo civilizatório nacional.
> § 2º A lei disporá sobre a fixação de datas comemorativas de alta significação para os diferentes segmentos étnicos nacionais.
> § 3º A lei estabelecerá o Plano Nacional de Cultura, de duração plurianual, visando ao desenvolvimento cultural do País e à integração das ações do poder público que conduzem à:
> I - defesa e valorização do patrimônio cultural brasileiro;
> II - produção, promoção e difusão de bens culturais;
> III - formação de pessoal qualificado para a gestão da cultura em suas múltiplas dimensões;
> IV - democratização do acesso aos bens de cultura;
> V - valorização da diversidade étnica e regional"

---

[25] BRASIL. **Constituição da República Federativa do Brasil**. Brasília: Senado Federal, 1988.

"Art. 231. São reconhecidos aos índios sua organização social, costumes, línguas, crenças e tradições, e os direitos originários sobre as terras que tradicionalmente ocupam, competindo à União demarcá-las, proteger e fazer respeitar todos os seus bens.

§ 1º São terras tradicionalmente ocupadas pelos índios as por eles habitadas em caráter permanente, as utilizadas para suas atividades produtivas, as imprescindíveis à preservação dos recursos ambientais necessários a seu bem-estar e as necessárias a sua reprodução física e cultural, segundo seus usos, costumes e tradições.

§ 2º As terras tradicionalmente ocupadas pelos índios destinam-se a sua posse permanente, cabendo-lhes o usufruto exclusivo das riquezas do solo, dos rios e dos lagos nelas existentes.

§ 3º O aproveitamento dos recursos hídricos, incluídos os potenciais energéticos, a pesquisa e a lavra das riquezas minerais em terras indígenas só podem ser efetivados com autorização do Congresso Nacional, ouvidas as comunidades afetadas, ficando-lhes assegurada participação nos resultados da lavra, na forma da lei.

§ 4º As terras de que trata este artigo são inalienáveis e indisponíveis, e os direitos sobre elas, imprescritíveis.

§ 5º É vedada a remoção dos grupos indígenas de suas terras, salvo, 'ad referendum' do Congresso Nacional, em caso de catástrofe ou epidemia que ponha em risco sua população, ou no interesse da soberania do País, após

deliberação do Congresso Nacional, garantido, em qualquer hipótese, o retorno imediato logo que cesse o risco.

§ 6º São nulos e extintos, não produzindo efeitos jurídicos, os atos que tenham por objeto a ocupação, o domínio e a posse das terras a que se refere este artigo, ou a exploração das riquezas naturais do solo, dos rios e dos lagos nelas existentes, ressalvado relevante interesse público da União, segundo o que dispuser lei complementar, não gerando a nulidade e a extinção direito a indenização ou a ações contra a União, salvo, na forma da lei, quanto às benfeitorias derivadas da ocupação de boa-fé.

§ 7º Não se aplica às terras indígenas o disposto no art. 174, § 3º e § 4º."

"Art. 232. Os índios, suas comunidades e organizações são partes legítimas para ingressar em juízo em defesa de seus direitos e interesses, intervindo o Ministério Público em todos os atos do processo."

Tendo a Constituição Federal de 1988 estabelecido o caráter democrático e pluralista da sociedade brasileira, sob o compromisso de assegurar a coexistência das diferenças, a garantia do multiculturalismo e a salvaguarda da dignidade da pessoa humana, a liberdade e a igualdade perante um grupo de pessoas dominante, pode-se dizer que as minorias constituem-se de conjuntos sociais que se diferenciam em relação aos outros por serem vistos como inferiores, sendo por isso discriminados e sofrerem rejeição e intolerância social, desprovidos de reconhecimento de seus direitos enquanto cidadãos. Uma sociedade entendida como democrática e pluralista tem o dever de condescender e assimilar a convivência com as diferenças constantes entre os diferentes agrupamentos sociais, de maneira que haja a promoção da igualdade social entre todos os indivíduos, sendo então protegidos da segregação e do preconceito.

Foi com a vedação da prática de preconceitos de origem, raça, sexo, cor, idade e quaisquer outras formas de discriminação pelo art. 3º, inc. IV, do Texto Constitucional de 1988 que foi tido um cuidado mais atento ao resguardo dos direitos das minorias, de maneira que estas tenham o direito de serem distintas do grupo dominante sem que sua cidadania seja alvo de qualquer espécie de violação. Em relação aos indígenas, como detém a cidadania como todos os demais brasileiros, são providos de todos os direitos e garantias fundamentais assegurados pela Constituição Federal, afinal esta assegura no *caput* do seu art. 5º que todos são iguais perante a lei, sem que haja distinção de qualquer natureza. Assim sendo, a fim de que haja o estímulo à democracia entre as raças e etnias, é essencial que seja praticada a preservação dos indígenas em face do preconceito de etnia (ALBUQUERQUE, 2013).

Há dois documentos legais fora da Constituição Federal que tiveram grande relevância para o entendimento sobre legislação indigenista. O primeiro que merece aqui citação foi o já revogado Código Civil de 1916 que tratava o indivíduo indígena como relativamente incapaz, na mesma posição em que estavam inseridos os jovens entre 16 e 21 anos de idade, as mulheres casadas e os pródigos, na medida em que determinava que fossem relativamente incapazes a certos atos ou à maneira de exercê-los os silvícolas, ficando então sujeitos ao regime tutelar, regime este que cessaria à medida que fossem se adaptando à civilização do país. Com a revogação do Código Civil de 1916, entrou em vigência o Código Civil de 2002, retirando então a condição de incapacidade dos indígenas, afinal afirma no parágrafo único do seu art. 4º que os indígenas terão sua capacidade regulada por legislação especial, da mesma forma que já era previsto no art. 232 do Texto Constitucional. Também merece grande consideração o Estatuto do Índio, sancionado pela Lei nº 6.001 de 19 de dezembro de 1973 e vigente até a atualidade, embora não tenha sido recepcionado integralmente pela Constituição Federal de 1988. Tal estatuto passou a regulamentar a situação jurídica das comunidades indígenas, além de emanar comandos legais sobre os direitos civis e políticos dos indígenas, mantendo a ideologia de cunho civilizatório e integracionista das Constituições anteriores à de 1988, bem como o traço jurídico da tutela ao indígena (LOPES, 2014).

A maneira de estruturação e colonização do Brasil foi caracterizada pela mescla de essencialmente três raças: a indígena, a negra e a branca, dando origem a um número relevante de minorias discriminadas. Na esfera dos direitos humanos, é discussão frequente na pauta do Estado brasileiro a questão relativa ao direito das minorias, afinal a sociedade brasileira é caracterizada por grande variedade étnica-cultural, admitida pelo Estado Democrático de Direito como demonstração extrema da democracia e cidadania em si mesmas. O Estado Democrático de Direito possui como algumas de suas metas essenciais a elevação de uma sociedade livre, igualitária, amparada pela Justiça e solidária, e busca a promoção de todos os indivíduos, sem que ocorram preconceitos em relação à sua origem, raça, gênero, cor, idade ou quaisquer outros meios de discriminação. Todavia, nem sempre houve sucesso dos coletivos sociais entendidos como distintos dos grupos dominantes para a obtenção do respeito e o tratamento que merecem da sociedade tida como plural e democrática. Nesse sentido, apesar de haver mandamentos constitucionais que homenageiem direitos de minorias étnicas brasileiras, ainda são muito presentes ações de preconceito racial e discriminatórias (ALBUQUERQUE, 2013).

Decorridos mais de trinta anos da promulgação da Constituição Federal de 1988, algumas vitórias são perceptíveis, como a demarcação de algumas terras, sobretudo na Amazônia Legal, a concepção formal de determinadas políticas públicas, a presença de instituições em prol da causa indígena no sistema judiciário, a elevação da população indígena (estimulada pela reafirmação étnica) e a instituição de políticas afirmativas. Em contrapartida, os indígenas brasileiros têm sofrido concomitantemente severas intimidações à sua própria existência, afinal muitas vezes são encarados como os principais inimigos do plano desenvolvimentista elaborado para a nação. Isto porque constituem um empecilho às intenções estatais de exploração e utilização de componentes minerais e hídricos em regiões com menor exposição e exploração, como é o caso da celeuma das obras de Belo Monte no Estado do Pará. Somado a este fato, o agronegócio encara as terras ocupadas por indígenas como um obstáculo para os anseios de aproveitamento econômico e para o aumento de áreas utilizáveis (CUNHA; BARBOSA, 2018).

8º MITO OU 1ª LUTA?

Por um Decolonialismo Indígena.

"Tanto Decolonizadores como Descolonizadores escreveram a história com tinta vermelha: Aqueles com a tinta vermelha do urucum, já estes com a tinta vermelha do sangue indígena."

Durante todo o momento de relacionamento entre os povos originários brasileiros e a sociedade abrangente, desde a chegada e a colonização dos europeus até o momento contemporâneo, foi idealizada uma narrativa que escolheu por menosprezar e excluir os povos autóctones de sua vivência real inserida no território. Tal narrativa se edificou partindo da rejeição do não-europeu desde o século XVI e tendo como base perspectivas de grupos eruditos, especialmente estudiosos de História e escritores. Na mesma proporção, posturas do Estado recaíram sobre a realidade dessa população. Adotando posturas de não reconhecimento das identidades indígenas e de tentativas de assimilação e de extermínio de maneira sistemática, a sociedade envolvente se prontificou a excluir e a calar as suas verbalizações (GOMES, 2018).

As projeções de dois paradigmas sociais contrários, Ocidente e Oriente, centro e periferia são frutos de um costume intelectual que tem como essência o pano de fundo histórico em que a Europa se estabeleceu como referência societária dominante. A teoria social, especificamente, será, no decorrer de sua constituição, dirigida por essa vivência cultural europeia. A Sociologia emergiu em uma Europa industrial, totalmente transformada pelo crescimento econômico da montagem fabril e pelas ocorrências políticas da Revolução Francesa, que, por sua vez, foi originada dos movimentos seculares que nasceram dos ideais iluministas do século XVIII.

A modernidade, para as doutrinas clássicas, e os novos teoremas da modernização, são o episódio que estabelece a reunião de todos os acontecimentos sociais, políticos e econômicos oriundos da Europa, por meio do qual se inicia uma nova ordem social. Karl Marx, Émile Durkheim e Max Weber, em suas leituras da sociedade moderna, a enunciaram em contradição a um sistema tradicional de relações sociais que é pautado pela velocidade de transformações e pela feição própria das instituições da modernidade. Para as teses da modernização os modelos institucionais modernos seriam consequência de acontecimentos históricos particulares da Europa, que teriam a tendência de se espalhar gradativamente para o restante do mundo. Tais teses assumem as atribuições da sociedade do Ocidente como qualidades do progresso social, definindo fases precisas de passagem entre o que concebem como ordenação tradicional e moderna (LEDA, 2014).

O conceito de Decolonialismo.

A esfera semântica da palavra em francês *décolonial* caracteriza-se pelo enfrentamento da colonialidade do poder que, mesmo depois da formalização da independência de regiões colonizadas, permanece vigente como herança da modernidade, do racismo e do capitalismo. Na França, o vocábulo costuma estar relacionado ao ativismo antirracista e a um extenso combate à xenofobia, destacando-se a defesa de imigrantes e descendentes de imigrantes advindos de ex-colônias. No Brasil, o conceito da palavra "decolonial" tem sido ligado à recepção de estudos do grupo conhecido como Modernidade/Colonialidade/Decolonialidade (MCD), constituído por pesquisadores latino-americanos influentes nas Américas, tais como Aníbal Quijano, Walter Mignolo e Catherine Walsh.

Quando pretendermos nos referir propriamente aos processos histórico-administrativos de desligamento das Metrópoles de suas ex-colônias, dever-se-á optar pela utilização de termos como "descolonizar", "descolonização" e "descolonial". Por outro lado, nas situações em que se ensejar fazer menção ao movimento contínuo de tornar pensamentos e ações cada vez mais dissociadas da colonialidade, deve-se preferir o uso das palavras "decolonial" e "decolonialidade", marcando essa diferenciação por meio da retirada da letra "s". Tal iniciativa pretende enfatizar que os processos histórico-administrativos de descolonização de um território não asseguram que os discursos que circulam nele e a respeito dele tenham superado a lógica colonial (VERGÈS, 2019).

Afirmou Françoise Vergès (2019):

> *Não devemos subestimar a velocidade com que o capital é capaz de absorver certas noções para transformá-las em palavras de ordem esvaziadas de seu conteúdo; por que o capital não seria, então, capaz de incorporar a ideia de decolonização, de decolonialidade? O capital é colonizador, a colônia lhe é consubstancial, e para entender como ela perdura, é preciso se libertar de uma abordagem que enxerga na colônia apenas a forma que lhe foi dada pela Europa no século XIX e não confundir colonização com colonialismo. Nesse sentido, a distinção que faz Peter Ekeh é útil: a colonização é um acontecimento/período, e o colonialismo é um processo/movimento, um movimento social total cuja perpetuação se explica pela persistência das*

formações sociais resultantes dessas sequências.
(VERGÈS, 2019, p. 41)

Já para Aníbal Quijano (2007), colonialismo e colonialidade são dois conceitos relacionados, embora diferentes. Isto porque colonialismo diz respeito a um modelo de dominação e exploração:

> O controle da autoridade política, dos recursos de produção e do trabalho de uma população determinada possui uma diferente identidade e as suas sedes centrais estão, além disso, em outra jurisdição territorial. Porém nem sempre, nem necessariamente, implica relações racistas de poder. O Colonialismo é, obviamente, mais antigo; no entanto a colonialidade provou ser, nos últimos 500 anos, mais profunda e duradoura que o colonialismo. Porém, sem dúvida, foi forjada dentro deste, e mais ainda, sem ele não teria podido ser imposta à intersubjetividade de modo tão enraizado e prolongado. (QUIJANO, 2007, p. 93)

Segundo Chamberlain (1985), por meio de uma curta e generalizada explanação a respeito da descolonização, ela é normalmente entendida como o procedimento pelo qual os povos de países em desenvolvimento ganharam a independência de seus dominadores e governantes coloniais. Em oposição a outros estudiosos que defendiam que o conceito de descolonização poderia ser utilizado para descrever as iniciativas tomadas pelos poderes metropolitanos para deixarem suas colônias, descolonizando-as, preferindo como alternativa o termo "libertação", para ele um historiador deve tentar manter o equilíbrio entre a observação das políticas dos poderes coloniais e as ideias e iniciativas que partiram do colonizado. Assim sendo, ele argumenta que os historiadores devem encarar o tema sob um ponto de vista mais amplo, traçando, de maneira diversa de libertadores e de ativistas decoloniais não historiadores, as origens e raízes dos movimentos de descolonização.

Para deixar tudo muito claro, arrematou Walter Mignolo (2017), em grande lição:

> A "colonialidade" é um conceito que foi introduzido pelo sociólogo peruano Aníbal Quijano, no final dos anos 1980 e no início dos anos 1990, que eu elaborei em Histórias locais/projetos globais e em outras publicações posteriores. Desde então, a colonialidade foi concebida e explorada por mim como o lado mais escuro da modernidade. Quijano deu um novo sentido ao legado do termo colonialismo, particularmente como foi conceituado durante a Guerra Fria junto com o conceito de "descolonização" (e as lutas pela libertação na África e na Ásia). A colonialidade nomeia a lógica subjacente da fundação e do desdobramento da civilização ocidental desde o Renascimento até hoje, da qual colonialismos históricos têm sido uma dimensão constituinte, embora minimizada. O conceito como empregado aqui, e pelo coletivo modernidade/colonialidade, não pretende ser um conceito totalitário, mas um conceito que especifica um projeto particular: o da ideia da modernidade e do seu lado constitutivo e mais escuro, a colonialidade, que surgiu com a história das invasões europeias de Abya Yala, Tawantinsuyu e Anahuac, com a formação das Américas e do Caribe e o tráfico maciço de africanos escravizados. A "colonialidade"

já é um conceito "descolonial", e projetos descoloniais podem ser traçados do século XVI ao século XVIII. E, por último, a "colonialidade" (por exemplo, el patrón colonial de poder, a matriz colonial de poder – MCP) é assumidamente a resposta específica à globalização e ao pensamento linear global, que surgiram dentro das histórias e sensibilidades da América do Sul e do Caribe. (MIGNOLO, 2017, p. 2)

Com isso, as teorias que problematizavam discursos e representações culturais pareciam insuficientes ou desligadas da realidade social da América Latina, uma vez que não fortaleciam e validavam nosso contorno histórico, social e cultural. Assim, não tínhamos antes estudos críticos que falassem da dependência econômica e das ideologias eurocêntricas de fato. Com essa insatisfação, dada pelo distanciamento da realidade com a teoria, busca-se a necessidade de um discurso potente, latino-americano sobre a temática em que se reconfigure a análise a fim de construirmos e propormos uma nova lente de leitura da teoria.

Assim, um grupo de intelectuais que lecionavam nos Estados Unidos, como: John Berverly, Walter Mignolo, Aníbal Quijano, fundaram o Grupo Latino-americano de Estudos Subalternos, na década de 1990. Dos resultados desse grupo surgem grandes trabalhos, mas destacamos a obra "Colonialidad y Modernidad-Racionalidad", de 1992, de Aníbal Quijano. Em 1995 o grupo publica o "Manifesto inaugural", inserindo o subcontinente no debate pós-colonial. Nesse manifesto, não negam a forte influência recebida pelo movimento subalternista indiano, para o qual podemos apontar a socióloga Gayatri Spivak como grande precursora com seu brilhante trabalho "Pode o Subalterno Falar?". Entretanto, os Decolonizadores latino-americanos não fundavam seus estudos, ao contrario de Spivak, em bases marxistas, pois entendem que é preciso construir uma genética Decolonial não eurocêntrica no cerne desta doutrina (BALLESTRIN, 2013).

"Nós, os subalternos indígenas", e o *"Lócus da enunciação"* do Decolonialismo.

> *Língua mesmo só a do colonizador, a do colonizado é dialeto, é um negócio ruim, fraco, inferior, pobre, incompetente, não é capaz de expressar o mundo, de expressar a beleza, a ciência; isso só se pode fazer na língua do civilizado, língua branca que é melhor, mais bonita, porque por trás dessa branquitude tem tanto Camões como Beethoven (FREIRE, 2017, p. 330).*

O erguimento do conceito de Modernidade associada à expansão europeia, e também forjada por intelectuais europeus, foi forte o suficiente para durar quase quinhentos anos. Os discursos e teorias decoloniais começaram a desafiar diretamente essa hegemonia, um desafio impensável (e talvez inesperado) por aqueles que antes construíram e assumiram a noção de Modernidade como um período histórico e implicitamente como um "locus de enunciação", expressão já utilizada por Walter Mignolo[26] no início da década de 1990 e que deriva vários termos análogos. Um lugar de enunciação em que, em nome da racionalidade,

---

[26] Gaytri Spivak já apontava o "lugar da enunciação" no texto original datado de 1988, intitulado "Pode o Subalterno Falar? Especulações sobre o sacrifico das viúvas" (*Can the Subaltern Speak? Speculations on Widow-Sacrifice*). No trabalho, a autora relata a história de uma jovem indiana que não pode se autorrepresentar fora do contexto patriarcal e pós-colonial. Com esse exemplo, Spivak argumenta que o subalterno, nesse caso, a mulher, não pode falar e, quando tenta fazê-lo, não encontra meios para se fazer ouvir (SPIVAK, 2010).

a ciência e a filosofia afirmaram seu próprio privilégio sobre outras formas de racionalidade ou formas de pensamento que, do ponto de vista da razão moderna, eram racionais. Então, os discursos e teorias decoloniais devem procurar construir uma razão como um local diferenciado de enunciação (MIGNOLO, 1995).

O pensamento decolonial tem desempenhado recentemente um papel fundamental neste esforço crítico. Pertencendo a uma genealogia diferente do que a dos estudos pós-coloniais, o pensamento decolonial toma como ponto de partida o reconhecimento de que não podia haver Modernidade sem colonialidade. A relevância desta afirmação é que a colonialidade, como o lado inferior da Modernidade, constitui um local epistêmico a partir do qual a realidade é pensada. O "locus de enunciação" significa que o hegemônico e que as histórias de Modernidade como produto do Renascimento ou da Revolução Industrial não são aceitas, mas desafiadas em ordem para desfazer a projeção de poder eurocêntrica inerente a eles. Precisamente, na tentativa de evitar tornar-se apenas mais um projeto hegemônico, o pensamento decolonial também é entendido como uma opção, dentre várias, em contraste com um paradigma ou uma grande teoria.

Além disso, do ponto de vista desta opção, a Modernidade ocidental constitui um projeto civilizatório dominante, que reivindicou para si a universalidade no momento de seu violento encontro com o "Outro" e o subsequente encobrimento desta violência. Esse encontro remonta a 1492, quando as Américas foram conquistadas através do genocídio dos povos indígenas, seus conhecimentos e formas de estar no mundo. Os primeiros escritos sobre Modernidade/colonialidade o entendiam como um binômio constitutivo e uma estrutura de gestão que opera controlando a economia, autoridade (governo e política), conhecimento e subjetividades, gênero e sexualidade. Desta perspectiva, a "colonialidade do poder" destaca "o básico" e a classificação social universal da população do planeta em termos da ideia de "raça" é introduzida pela primeira vez com a "conquista" das Américas. Esta análise mostrou a heterogeneidade e o caráter transversal do sistema moderno/colonial que contrapõe a dominação racial às teorias marxistas eurocêntricas sobre a exploração de classes (ICAZA, 2017).

O conceito da razão decolonial procura incorporar uma forma de pensar articulada no legado colonial e procura entender a Modernidade em termos da construção deste legado. A mente decolonial é uma consciência que desloca a noção da mente construída na Modernidade, reintroduzindo qualidades secundárias (emoções, paixões) e a partir deste gesto tenta reinterpretar a Modernidade e a pós-Modernidade em termos de decolonialidade. Embora a noção de "lócus de enunciação" não seja exclusiva da razão decolonial, ela é necessária para quebrar a concepção monolítica da razão moderna e para compreender a multiplicidade de conhecimentos como diferentes espaços epistemológicos de emancipação.

Sugere-se que a transformação mais fundamental do espaço intelectual ocorra de acordo com a configuração da razão pós-colonial, tanto no lugar da prática oposta na esfera pública quanto no lugar da luta teórica na esfera acadêmica. Nesse contexto, as teorias decoloniais podem ser encaradas como "lócus de enunciação" e pela sua visão criaram espaços de poder para investigação crítica e de resistência. Assim, a razão decolonial é entendida como um grupo diversificado de práticas teóricas que se manifestam na esteira de legados coloniais na intersecção das histórias europeias modernas e as histórias contra-modernas coloniais (MIGNOLO, 1995).

Pode ser denominada de violência epistemológica a remoção da viabilidade de alguns indivíduos de colocarem em disputa a História sobre o tecido social partindo de sua própria cultura. Nesta direção, a missão do intelectual é, essencialmente, reescrever a História. O anseio das pesquisas subalternas é narrar o que foi ofuscado e escondido pela historiografia oficial. Deve-se então perguntar-se: quais as consequências do poder da ausência da História? Duas rotas se delineiam na procura por uma possível resposta. O primeiro é sobre o não reconhecimento de alguns como indivíduos e não sendo indivíduo não é possível existir enunciação. O segundo é a conservação de um determinado *status quo*, ou, em outras palavras, o anseio da conservação do estado presente.

A noção de "consciência subalterna" que simboliza uma mentalidade coletiva compõe uma das questões elementares dos estudos subalternos. Os pesquisadores da corrente subalterna elaboraram suas teorias partindo do desenvolvimento do que se pode chamar de "historiografia do Outro" e a ideia de consciência subalterna confronta-se com a teoria marxista: ao contrário da negação da consciência de classe do subalterno pré-capitalista, especialmente no contexto do imperialismo, a mentalidade coletiva subalterna não é natural e nem parte da natureza dos integrantes deste grupo, já que é uma construção coletiva do seu lugar como subalterno, das interações de poder produzidas e que reiteram o lugar destes como subjugados, buscando a elaboração de respostas perante estas constatações (LINO, 2015).

Reconhecer e enxergar-se no contexto de enunciação não é uma questão menor, levando-se em conta que, de modo implícito ou explícito, enquanto sujeitos nos inserimos ou somos inseridos no progresso das ações de linguagem materializadas por meio de constantes jogos enunciativos. Assim, tem-se que o "lócus de enunciação" se delineia como uma região de conflitos que abarca diferentes identidades do sujeito, sendo atravessado por diversos movimentos integrantes das dinâmicas das conexões sociais; como tal, define fronteiras, rompimentos e deslocamentos consideráveis que nos possibilitam prever a porosidade de construtos como indivíduo, cultura, identidade e línguas que, no alicerce epistemológico da colonialidade/Modernidade, foram estipulados e definidos como absolutos sob a visão epistemológica da racionalidade do Ocidente (BAPTISTA, 2019).

Modelos teóricos sobre a questão de dominância e Poder na Modernidade.

Os estudos decoloniais compartilham um conjunto sistemático de asserções teóricas que abordam o tema do poder na Modernidade. Esses métodos conceituais são:

1 – O lugar do início da modernidade na conquista da América e na tomada do Atlântico pela Europa entre o final do século XV e o início do XVI, e não no Iluminismo ou na Revolução Industrial, como é geralmente aceito.

2 – O destaque especial na composição do poder através do colonialismo e das performances constitutivas do organograma moderno/capitalista e em seus formatos de acumulação e de exploração em escala mundial.

3 – O entendimento da modernidade como episódio planetário composto por relações desiguais de poder e não como acontecimento simétrico criado na Europa e posteriormente ampliado ao restante do globo.

4 – A igualdade das relações de poder entre a Europa e os demais demonstra uma perspectiva constitutiva da modernidade e, assim, causa obrigatoriamente a subalternização das atividades e subjetividades dos povos subjugados.

5 – A subalternização da maior parte da população mundial se consolida por meio de dois eixos estruturais pautados na autoridade sobre o trabalho e no domínio da intersubjetividade.

6 – A denominação do eurocentrismo/ocidentalismo como a maneira típica de criação de conhecimento e subjetividades na modernidade (QUINTERO; FIGUEIRA; ELIZALDE, 2019).

Sobre os modelos eurocentristas preestabelecidos que transmitiram a ideia de um universalismo abstrato, discorreram Bernardino-Costa, Maldonado-Torres e Grosfoguel:

> *A longa tradição do cientificismo e do eurocentrismo deu origem a uma ideia de um universalismo abstrato, que marca decisivamente não somente a produção do conhecimento, mas também outros âmbitos da vida: economia, política, estética, subjetividade, relação com a natureza, etc. Em todas essas esferas, nesses mais de 500 anos de história colonial/moderna, os modelos advindos da Europa e de seu filho dileto – o modelo norte-americano após a Segunda Guerra Mundial – são encarados como o ápice do desenvolvimento humano, enquanto as outras formas de organização da vida são tratadas como pré-modernas, atrasadas e equivocadas. Dessa forma, modelos de desenvolvimento científico, político e econômico são exportados dos países norte-cêntricos ao sul global, desconsiderando, dentro dessa lógica, qualquer possibilidade de projetos de*

emancipação elaborados pelos sujeitos que habitam a zona do não ser (BERNARDINO-COSTA; MAL-DONADO-TORRES, GROSFOGUEL, 2020, p. 12/13).

Algumas respostas intelectuais relevantes ao conceito predominante de modernidade são os levantes teóricos do pós-colonialismo, que aparentam ter como atributo comum uma reação crítica ao legado epistemológico do Ocidente. Para tais pensadores, a teoria do conhecimento (epistemologia) moderna compõe-se como a única visão válida e absoluta do saber, refutando e inferiorizando todas as demais maneiras de compreensão do mundo. É uma edificação epistêmica que, segundo eles, representa, no interior dos seus domínios de raciocínio e ação, os relacionamentos de subjugação legados pelo colonialismo. Com diferentes intitulações (pós-coloniais, decoloniais ou teorias do sul), tais colaborações teóricas tenderam a desnudar o limite cultural criado pelos esquemas de representação ocidentais e desmantelar as maneiras de pensamento e os sistemas de compreensão que delimitaram as áreas coloniais como nascentes de cultura a serem discutidas, assim como desconstruir o dogma de que o Ocidente é o pai e centro intelectual teórico dos seres humanos. São interpelações que anseiam transgredir com a naturalidade que conferimos o valor absoluto incontroverso ao saber e conhecimento gerados em algumas regiões do globo e, neste sentido, recuperar concepções e cosmologias originárias de regiões subalternizadas que possuem o condão de resistir ao padrão eurocêntrico dominante e vigente (LEDA, 2014). Discorreu Walter Mignolo (2005):

O imaginário moderno/colonial apresenta-se de modo muito distinto de acordo com o ponto de

vista do qual o olhamos: a história das ideias na Europa ou a diferença colonial, as histórias forjadas pela colonialidade do poder nas Américas, na Ásia ou na África, ou aquelas das cosmologias anteriores aos contatos com a Europa a partir do século XVI, como na constituição do mundo moderno colonial, no qual os Estados e as sociedades da África, da Ásia e das Américas tiveram que responder e responderam de distintas maneiras e de distintos momentos históricos. A Europa – através da Espanha– deu as costas ao Norte da África e ao Islã a partir do século XVI; a China e o Japão nunca estiveram sob o controle imperial ocidental, ainda que não tenham podido deixar de responder a sua força expansiva, sobretudo a partir do século XIX, quando o Islã renovou sua relação com a Europa (Lewis, 1997). O sul da Ásia, a Índia e diversos países africanos ao sul do Saara foram o objetivo dos colonialismos emergentes: Inglaterra, França, Bélgica e Alemanha. A configuração da modernidade na Europa e da colonialidade no resto do mundo (com exceções, por certo, como é o caso da Irlanda), foi a imagem hegemônica sustentada na colonialidade do poder que torna difícil pensar que não pode haver modernidade sem colonialidade; que a colonialidade é constitutiva da modernidade, e não derivativa.
(MIGNOLO, 2005, p. 38)

Em nosso país ainda são escassos os estudos a respeito do decolonialismo, o que mostra que há muita margem para a promoção de pesquisas sobre o assunto. Entender o decolonialismo resulta em reconhecer e entender os significados de colonialismo, neocolonialismo, pós-colonialismo e imperialismo, e como eles estão sobrepostos na História da humanidade. Os estudos pós-coloniais atuais possibilitam compreender os sentidos usados a esses cinco termos:

(1) Colonialismo é um episódio ligado às conquistas, às consolidações territoriais e ao domínio administrativo de forma sistêmica da Europa no século XIX (mecanismos institucionais de governo, modelo legal, supremacia militar); é comumente encarado como um processo dotado de violência. Nesta concepção o Colonialismo possui vigorosos alicerces econômicos, sendo origem de matérias-primas, mercados modernos, força de trabalho e forças bélicas. Com embasamento racial dicotômico, essa visão encara a Europa como desenvolvida, crescente e moderna contra os nativos selvagens, primitivos e ultrapassados, englobando então as figuras de "nós", os europeus evoluídos, contra "eles", os retrógrados. Neste ponto, o colonialismo traz em sua bagagem a exigência das ações do colonizador em face do povo colonizado, apagando sua história e costumes, e está envolvido nas maneiras de aquisição e progresso de conhecimento.

(2) Neocolonialismo faz menção à dominação dos sistemas econômicos e políticos de um Estado por outro Estado mais preponderante, sendo usualmente assinalado como a colonização de um país emergente por um desenvolvido.

(3) Imperialismo é composto, em princípio, de um sistema global econômico de inserção e controle de mercados, de tal forma que pode ser entendido como a mais avançada fase do colonialismo.

(4) Decolonialismo é uma expressão usada que diz respeito às posturas, projetos, anseios e empenhos para acabar com as promessas de modernidade e das situações

impiedosas criadas pelo colonialismo. O decolonialismo está associado à conscientização e postura necessárias à cessação da base teológica e das fundações europeias para a (epistemologia) teoria do conhecimento e exegese (hermenêutica).

(5) Pós-colonialismo aborda as consequências da colonização na cultura e na sociedade, sendo então utilizada pelos historiadores após a 2ª Guerra Mundial para denominar, de maneira temporal, o momento posterior à independência das colônias, porém após a década de 70 passou a ser utilizado para abordar as diversas consequências da colonização (SAUERBRONN; AYRES; LOURENÇO, 2017).

Para Maldonado-Torres, se a descolonização diz respeito a momentos históricos em que os personagens subjugados coloniais se insurgiram contra os ex-impérios e requereram a independência, a decolonialidade trata sobre a luta contra a lógica da colonialidade e suas consequências materiais, epistêmicas e simbólicas. Nestas situações, a descolonização é comumente entendida não como um feito ou uma meta pontual, mas sim como um projeto inacabado. Por vezes, o termo colonialismo é também usado no sentido de colonialidade. Assim expôs Maldonado-Torres (2020):

> (...) ao contrário do padrão e do conceito histórico ou puramente empírico do colonialismo, colonialidade é uma lógica que está embutida na modernidade, e decolonialidade é uma luta que busca alcançar não uma diferente modernidade, mas alguma coisa maior do que a modernidade. Isso não significa que um número de ideias e práticas que usualmente consideramos "modernas" não fará parte dessa outra ordem mundial, bem como não significa que o que chamamos de modernidade

eliminou tudo o que a própria modernidade no seu discurso autorreferido concebeu como diferente dela, como a filosofia antiga e uma variedade de ideias medievais. A diferença é que, enquanto a modernidade ocidental atingiu uma identidade ao inventar uma narrativa temporal e uma concepção de espacialidade que a fez parecer como o espaço privilegiado da civilização em oposição a outros tempos e espaços, a busca por uma outra ordem mundial é a luta pela criação de um mundo onde muitos mundos possam existir, e onde, portanto, diferentes concepções de tempo, espaço e subjetividade possam coexistir e também se relacionar produtivamente. (MALDONADO-TORRES, in BERNARDINO-COSTA; MALDONADO-TORRES; GROSFOGUEL, 2020, p. 36)

Verifica-se que por maior que seja a relação tempo passado e atualidade que se possa arguir, os povos originários estavam inseridos no Império delineados em metáforas, suspensos do tempo e do espaço. Solucionavam rapidamente, na sua forma narrada, as temáticas da origem e da singularidade nacionais, cerne da construção de distanciamento entre Brasil e Portugal enquanto Impérios. Os temas, que por sua vez, diziam respeito à efetividade da existência das populações originárias no seio do Império brasileiro eram encaradas sob um viés de exclusão. A sua presença, quando positivada, perseverava onde uma fração representava a totalidade, assim como se encontrava em uma estrutura literária idealizadora que fantasiava um passado. Nesta esteira, tanto o tempo pretérito como populações inteiras tinham seus vestígios ressignificados por seres exteriores distintos, sob um ponto de vista ora paradisíaco, ora não. Então, atributos potencializados, atrelados ou não à realidade, passaram a constituir o corpo físico e espiritual do indígena romântico.

Como uma parábola nacional, era o que se aguardava dos homens da boa sociedade nacional: a habilidade de agir com reta razão e justa moralidade. Como um objeto alegórico, as populações originárias espelhavam quem desempenhava as narrativas românticas e nacionais e não quem um dia habitou o território agora imperial. Tal fato marginalizava ainda mais a sua existência e sua realidade física do presente. As imagens, como representações, exibiam em seu limiar mais uma interpretação exterior dessas populações do que uma interna. Inseridos em uma sociedade envolvente, sentíamos como se estivéssemos fielmente informados e instruídos sobre aquelas populações, como se as pudéssemos "assimilar" (GOMES, 2018).

No contexto clássico colonial, a sociedade colonizadora toma posturas em todas as áreas, especialmente na econômica, amparada em uma ocupação de posse política anterior. Metrópole e colônia passam então a constituir um sistema, compondo um agrupamento orgânico interligado, cujos pontos de referência para a composição de cada uma das partes são as associações de dominação-subjugação desempenhadas entre ambas. Do espectro de visão da Metrópole, a colônia é um apetrecho que usa em seu benefício próprio. Com essa finalidade, almeja compor uma infraestrutura, inserir novos aparatos, buscando explorar os recursos naturais e a força de trabalho; busca enfraquecer quaisquer tentativas de resistência; propaga para a elite local os seus próprios anseios de colonizadora, tornando-a uma cooperadora interessada; reúne mão de obra que atende somente às suas demandas econômicas e, finalmente, mas não com menos importância, fomenta uma política educacional que, de maneira geral, utiliza tanto as escolas leigas quanto as missões de cunho religioso, fortalecendo nos colonizados a devoção pela incontroversa supremacia da Metrópole e de seus prepostos.

Do campo de visão da colônia, a Metrópole apresenta--se em uma dupla aparência, de feição ambígua, porque congrega componentes contrários e divergentes, embora coexistentes. Toda colônia aprimora em relação à Metrópole tanto situações de submissão quanto de mágoa, intimamente ligadas, porém sendo verificadas em doses diversas, sendo predominante ora a subjugação, ora o oposto. Mecanismos de adequação estão, então, sendo correlacionados a caminhos de rejeição, enquanto atuações inovadoras, originárias da aniquilação de formatos tradicionais, se coadunam com tópicos de resistência que se fundamentam nas organizações e nos princípios que os colonizados sempre acreditaram ser elementares.

A educação, proposital e intencionalmente induzida pela Metrópole, passa a ser uma ferramenta voltada ao amoldamento, cuja intenção primordial é desmantelar ou ao menos enfraquecer os meios de resistência ou de repúdio. O conhecimento de maneiras autóctones ou o aprendizado de condutas contestatárias não são encarados como "educação", mas sim como resistência ao *status quo* e são, portanto, rechaçados. Também, em uma situação colonial, os encadeamentos de exploração-submissão se compõem entre uma minoria étnica contingencialmente irrelevante, porém de superioridade material incontestável, e uma maioria étnica demograficamente volumosa, porém provida de meios materiais primários e básicos ou ao menos inferiores.

Dada a quantidade dos subordinados, a imposição pela força conhece limitações reais, já que esta não é suficiente para enquadrar totalmente a sociedade dominada; eis por que se recorre a outros meios mais sutis de imposição para os quais a educação vai ser o melhor auxiliar. Um desses meios é o estabelecimento de segregação entre dominantes e dominados, que dificulte a assimilação entre eles; a situação de superioridade, no entanto, é apresentada como desejável e estimula-se o nativo para ela, embora rodeando-a de barreiras praticamente intransponíveis. O jogo de negaças por parte dos colonizadores é apoiado numa série de pseudojustificações de sua hegemonia, consubstanciadas na difusão de noções de supremacia e de excelência, de que a melhor prova é o estado de desenvolvimento material em que se encontram. A tutela de direito ou de fato que a metrópole exerce sobre a colônia decorreria, de acordo com esta explicação, da "natureza excelsa" do colonizador, de sua "raça superior", de sua "nacionalidade privilegiada". E o desenrolar da história é invocado, mostrando que a posição de inferioridade da colônia é merecida (QUEIROZ, 2014).

No plano da decolonialidade do conhecimento, o sociólogo argentino Walter Mignolo apresentou sua ponderação ao modelo da modernidade tendo como suporte o empirismo colonial latino-americano. De acordo com ele, o quimérico do mundo moderno é uma composição figurada mediante a qual a civilização do Ocidente se reproduziu a si mesma e ao restante do globo tendo como ponto de partida um sistema de castas de raça, de gênero, de língua e de espírito. É essa cosmovisão eurocêntrica que nos derradeiros cinco séculos tem influenciado a Filosofia e as demais ciências sociais da modernidade, colaborando, segundo Mignolo, para a repetição da concepção colonial. Para ele, é com base nessa colocação de hegemonia usufruída pela Europa que se pauta a epistemologia moderna e que se traça um relato de propagação europeia sobre o globo, validando e ratificando todas as suas intenções globais. A tal concepção ocidental, Mignolo colocou frente a frente construções epistemológicas subalternas como maneira de desconstruir e reexplicar o modelo de mundo tendo como ponto de partida a colonialidade (LEDA, 2014).

Discorreram Bernardino-Costa, Maldonado-Torres e Grosfoguel (2020) sobre a decolonialidade como um projeto político-acadêmico que está inscrito nos mais de cinco séculos de luta das populações africanas:

> *Não há dúvidas de que um dos méritos do grupo de investigação modernidade/colonialidade foi o de sistematizar e apresentar com clareza discussões que estavam dispersas em alguns autores da tradição do pensamento negro, bem como em outras tradições terceiro-mundistas formuladas, seja no interior, seja no exterior das fronteiras dos países norte-cêntricos. Outro mérito foi trazer para o primeiro plano da discussão a importância da raça como dimensão estruturante do sistema-mundo moderno/colonial. Racismo, como apresenta de forma contundente o texto de Ramón Grosfoguel neste livro, é um "princípio constitutivo que organiza, a partir de dentro, todas as relações de dominação da modernidade, desde a divisão internacional do trabalho até as hierarquias epistêmicas, sexuais, de gênero, religiosas". Como bem lembra o autor, a formulação da centralidade da raça e sua articulação com o capitalismo histórico podem ser encontradas na longa tradição do pensamento e da luta dos povos afrodiaspóricos. (BERNARDINO-COSTA; MALDONADO-TORRES; GROSFOGUEL, 2020, p. 11)*

A partir do contato entre o Velho e o Novo continentes, a História pôde testemunhar a ira do capitalismo de mercado que exterminou milhares de indígenas. Constatou-se a prática da resistência, embora os autóctones pouco pudessem fazer perante as doenças e moléstias epidêmicas trazidas pelo homem branco europeu, além de outras causas adversas que causaram a morte em massa dos habitantes originários da América. Foi prejudicial a política empregada pelos missionários europeus e pelos órgãos oficiais da Metrópole de concentração da população nativa, ao lado do estímulo da guerra indígena causada pela sede por novos escravos, dos conflitos de conquista e do apresamento em que os indígenas aldeados eram recrutados para lutar contra os indígenas tidos como hostis aos interesses do branco. Não se pode olvidar também, sobre as causas que pesaram de maneira decisiva para a dizimação dos indígenas, das grandes fomes que comumente faziam dueto com as guerras travadas, da consequente desestruturação das composições sociais então estabelecidas, das escapadas para áreas em que se desconheciam os recursos naturais, inclusive com necessidade de combate com os até então habitantes, e da exploração da força de trabalho dos nativos (CUNHA, 1992).

Mesmo assim, diversos povos indígenas resistiram e sobreviveram estando aptos a testemunharem no atual momento sobre os seus pontos de vista. Neste sentido, o protagonismo indígena, sendo um traço exemplar dos progressos da composição do Movimento Indígena no Brasil, pode ser compreendido por meio da observação de que a situação de violência que se instalou nas primeiras décadas de colonização foi projetada e replicada ao longo dos séculos seguintes por um conjunto de leis e atos normativos indigenistas quase o tempo todo ineficiente e tendencioso, mas nem por isso desprezível sob o olhar do estudioso.

Enquanto passaram a ser resguardados nominalmente pela Constituição Federal de 1988, os indígenas tiveram a primeira oportunidade de sentirem-se livres, autônomos e autoconfiantes, pré-requisitos para que se dê a autorrealização da pessoa humana. O reconhecimento e salvaguarda de direitos em um campo jurídico possibilita que tal autorrealização se complete na órbita da estima social, cujos relacionamentos necessitam ser compartilhados. O indivíduo que se vê como sujeito tende a obter autoconfiança na "relações genuínas de afeto", que se dá e opera no campo emotivo e sentimental nos seios familiares e comunitários; autorrespeito na "experiência do reconhecimento jurídico", na esfera jurídico-moral; e autoestima na "experiência solidariedade", que se opera no campo da estima social (HONNETH, 2003).

Nesse sentido, o modo de reconhecimento de uma "solidariedade social" constitui-se no objetivo dos indígenas estimados socialmente, dotados de consciência e autoconfiança, hábeis para falarem por eles próprios e para lutarem a fim de que, como cidadãos autônomos juridicamente falando, consigam obter o respeito a estima no futuro próximo perante os demais cidadãos brasileiros. Este é o percurso com destino à legitimação social dos direitos das comunidades indígenas no país (BICALHO, 2010). Na mesma linha de raciocínio, expôs Daniel Munduruku (2012):

> Partindo, pois, desta afirmação podemos pensar que houve, de fato, um movimento de mão dupla: os povos indígenas aprenderam através da relação política com os não índios e estes aprenderam – talvez a contragosto em alguns casos – que indígenas conseguiam absorver conceitos

teóricos – como etnia, cultura, autodeterminação, autonomia, entre outros – e colocá-los em prática nas mesas de negociação política com as autoridades. Embora isso não estivesse de acordo com o desejo expresso dos parceiros, as lideranças indígenas assumiram uma postura crítica com relação à sociedade brasileira, ao mesmo tempo que procuravam tornar conhecido o rosto dos povos indígenas tanto a nível nacional quanto internacional. Esta estratégia de se apresentar à sociedade brasileira de forma independente – não mais sob a tutela da Funai ou das entidades parceiras – resultou na elaboração de planos e metas que passavam por uma pauta de reivindicações que ia desde a reestruturação do órgão oficial até a exigência de proteção dos territórios tradicionais contra os invasores (garimpeiros, mineradoras).
(MUNDURUKU, 2012, p. 219)

O pensamento decolonial Indígena como instrumento pedagógico.

É que no momento em que a branquitude joga o índio numa iniciação rudimentar de estudos, com que a mão de obra indígena se sinta melhor, eles entram de qualquer maneira no campo da cultura indígena com essa proposta, e a resposta do dominado é exatamente sonhar os sonhos da branquitude. Mas não é só por pura alienação não, é que no fundo é como se os indígenas estivessem dizendo: se vocês vêm pra cá oferecer pra gente os primeiros aninhos de escola, pra gente virar operário de vocês, a gente quer agora estudos para

que possamos ser médicos, engenheiros (FREIRE, 2017, p. 343).

Pode-se dizer que a perspectiva decolonial latino-americana possui muitos pontos de convergência com a obra de Paulo Freire *Pedagogia do Oprimido* datada de 1968, assinalando o caráter pedagógico que esta tem no campo das ciências sociais. Há ampla identificação entre alguns aspectos convergentes na obra de Freire e com os trabalhos de Aníbal Quijano e Walter Mignolo, estudiosos expoentes do decolonialismo. O pensamento exposto por estes dois últimos autores decolonialistas contribui para o ensino na área das ciências sociais ao proporem um novo lugar de fala a partir do modelo de colonialidade-modernidade. Isto porque, da mesma forma que o livro *Pedagogia do Oprimido* propõe maneiras de desconstruir o mito da estrutura que oprime, o paradigma decolonial propõe estratégias distintas visando à desconstrução do mito do eurocentrismo (PENNA, 2014).

Freire aborda o sonho do oprimido de ser opressor quando o dominado sonha os sonhos da branquitude. Isso não se opera por alienação da cultura, mas como um processo contínuo de educação e construção de desejos.

No fundo esses problemas todos sobre os quais a gente quer discutir – escola, cultura, invasão da cultura, respeito pela cultura –, isso é sobretudo um problema político e um problema ideológico. Não existe neutralidade em coisa nenhuma, não existe neutralidade na ciência, na tecnologia. A gente precisa estar advertido da natureza política da educação, eu quero salientar que a educação é um ato político (FREIRE, 2017, p. 462).

Referido trabalho de Paulo Freire resvala em alguns dos principais pontos críticos do pensamento latino-americano nas últimas décadas. Além do constante viés marxista presente, encerra componentes da Teologia da Libertação, tendo em vista que é habitual o uso de expressões como "comunhão com os oprimidos" ou "testemunho da libertação". É utilizada em alguns momentos a expressão "condenados da terra" para fazer menção aos indivíduos oprimidos e se pode observar uma ligação com a última literatura decolonial latino-americana no momento em que o citado autor se utiliza da analogia colônia/metrópole (oprimido/opressor) para mencionar processos opressivos de imposição cultural: na realidade, todo tipo de dominação pressupõe uma invasão, não somente física e visível, mas por vezes disfarçada, em situação em que o agressor se mostra como o amigo que oferece auxílio e amparo. Em suas entranhas, a invasão é um meio de dominação econômica e cultural perante a vítima. Tal agressão é exercida por uma sociedade matriz, metropolitana, em face de uma sociedade dependente ou então é praticada veladamente por uma classe sobre outra dentro de uma mesma sociedade (FREIRE, 2005).

Importante notar que o livro *Pedagogia do Oprimido*, elaborado tendo como ponto de partida a experiência autoral como figura educadora no Brasil, faz referência à sobreposição entre a estrutura opressora e a realidade em países colonizados, especialmente quando referencia um possível motivo do fatalismo dos oprimidos, sendo fruto de uma situação histórica e sociológica e não um aspecto intrínseco da maneira de ser do povo. No mesmo sentido, a citada obra faz menção às sociedades "invadidas". Além disso, mais notadamente alguns pontos levantados por Freire a respeito da estrutura opressora e das feições dos oprimidos se assemelham do que Quijano e Mignolo chamam de "colonização do ser" ou "colonização cognitiva" (PENNA, 2014).

O mecanismo de invasão cultural narrado por Paulo Freire se assemelha em demasia ao processo de "colonização do ser" a que a literatura decolonial se dedica:

> *Como manifestação da conquista a invasão cultural conduz à inautenticidade do ser dos invadidos. O seu programa responde ao quadro valorativo de seus atores, a seus padrões, a suas finalidades (...). Uma condição básica ao êxito da invasão cultural é o conhecimento por parte dos invadidos de sua inferioridade intrínseca. (...) Quanto mais se acentua a invasão, alienando o ser da cultura e o ser dos invadidos, mais estes quererão parecer com aqueles: andar como aqueles, vestir à sua maneira, falar a seu modo. (FREIRE, 2005, p. 174-175)*

Nesse sentido, decolonialidade, na esteira do que preconizou Paulo Freire, diz respeito ao questionamento radical e à procura pela superação dos mais diferentes formatos de opressão praticados em face das classes e dos grupos subalternos pelo conjunto de agentes, das relações e estruturas de controle e discriminação, bem como negação da modernidade/colonialidade. De maneira análoga, para Walsh, decolonialidade pode traduzir-se no esforço por transgredir, deslocar e incidir na negação ontológica, epistêmica e cosmogônico-espiritual que foi e é estratégia, fim e resultado do poder da colonialidade. Estas duas ideias se resumem no que expôs Mignolo quando este afirmou que a decolonialidade é uma que não deixa ser manejada pela lógica da colonialidade, a não ser que se acredite nos contos de fadas da modernidade. Assim sendo, o binômio modernidade/colonialidade, presente na obra de Paulo Freire, deve-se à atenção que este autor buscou dar à ideia de que a colonialidade é constitutiva e não derivativa da modernidade, bem como que a colonialidade é o lado sombrio da modernidade (NETO, 2018).

Com a chegada da colonização há o encontro de dois processos: a codificação da distinção entre agressores e subordinados em termos de etnia e a articulação de todos os modelos históricos de domínio da mão de obra em torno do mercado mundial, com o modelo capitalista tornando-se mundial com o "descobrimento" das Américas. Estes dois mecanismos não só foram correlacionados como estiveram intrincados e se fortaleciam mutuamente. Outrossim, com a "descoberta" da América houve lugar para um paradigma da distribuição do trabalho de acordo com a raça. Em outros termos, as raças vistas como inferiores não poderiam fazer jus ao trabalho assalariado e mereciam ser submetidas ao trabalho compulsório. Cada espécie de divisão do trabalho correspondia a uma divisão geográfica, podendo ser denominadas de identidades geoculturais.

A identidade geocultural nas Américas teria sido a primeira a se constituir, estruturando o alicerce da identidade mesma no continente europeu, a partir da qual se erigiu a noção de modernidade, em oposição com o mundo colonial "atrasado". Nesse contexto, surgiu também o conceito de eurocentrismo que projeta, como referendou Aníbal Quijano, a perspectiva cognitiva da colonização. Ao lado da colonização de cunho material estaria a colonização de cunho cognitivo, tendo o eurocentrismo como panorama hegemônico e pautado na concepção de curso de traçado evolutivo e na diferenciação entre Europa e "resto do mundo" lastreada em termos de raça (PENNA, 2014).

É necessária a transcrição do paralelo traçado por Mota Neto entre as ideias de Catherine Walsh e de Paulo Freire:

> *Neste sentido, as pedagogias decoloniais estimulam o pensar a partir de genealogias, racionalidades, conhecimentos, práticas e sistemas civilizatórios e de vida distintos. São pedagogias que incitam possibilidades de estar, ser, sentir, existir, fazer, pensar, olhar, escutar e saber de outro modo, pedagogias encaminhadas em direção a processos e projetos de caráter, horizonte e intenção decoloniais (Walsh, 2013). A autora afirma que esta concepção se alia à chamada pedagogia crítica iniciada por Paulo Freire nos anos 1960 e retomada por muitos educadores populares e ativistas-intelectuais ao redor do mundo até os anos 1990, quando começa a enfraquecer devido ao auge do projeto neoliberal e à dissipação da utopia revolucionária marxista, no contexto da queda do muro de Berlim e da fragmentação da União Soviética (Walsh, 2013). No entanto, também nos anos 90, emergem com força os movimentos indígenas no continente latino-americano, renomeado como Abya Yala. Deste momento em diante, a luta por transformação é redirecionada e ressignificada. Afirma Walsh (2013) que já não está em pauta apenas a questão social, ligada à equidade e à eliminação da desigualdade, mas também as questões étnicorraciais assumem lugar de destaque e dão novos contornos e propósitos à*

pedagogia, hoje também chamada de decolonial.
(NETO, 2018, p. 06)

O "saber científico" que se divulgou na América Latina ao longo dos últimos séculos definiu que o lugar destinado aos povos indígenas era fora da História. Ao declarar sua independência de Portugal, o Brasil não se libertou da colonialidade que se enraizou. As convicções sobre indígenas permaneceram sustentando que eram povos históricos encarados de maneira idílica e animalesca. Tal questão também alicerçou o modelo pedagógico durante muitos anos, assim como pautou a localidade que a sociedade brasileira destinou a essas comunidades. Por isso, é essencial refletir se tais imagens retratam realmente as figuras indígenas ou se são traços de nossos velhos fantasmas mentais.

O olhar sobre o indivíduo indígena e sua colocação fora da História foi uma ação proposital e categoricamente pensada, especialmente pela elite agrária cujo interesse sempre foi o de se apropriar das terras indígenas. Foi fundamental o que a História e a Antropologia fizeram nas últimas quatro décadas, quando trataram de alterar essencialmente a maneira de encarar as comunidades indígenas. A nova interpretação sobre os povos indígenas não é mais enxergá-los como seres passivos ou meramente subjugados pelo colonialismo, mas notar que eles também participaram e participam da História, foram e ainda são protagonistas.

> *Uma das características fundamentais do processo de dominação colonialista ou de classe, sexo, tudo misturado, é a necessidade que o dominador tem de invadir culturalmente o dominado. Portanto, a invasão cultural é fundamental porque ela*

pensa no poder, ora através de métodos cavilosos. O que a invasão cultural pretende, entre outras coisas, é exatamente a destruição, o que felizmente não consegue em termos concretos. É fundamental ao dominador: triturar a identidade cultural do dominado (FREIRE, 2017, p. 311).

Os estudos sobre as comunidades indígenas devem ser inseridos em uma perspectiva que ultraja e supera o passado colonial e as orientações propostas pelo cientificismo eurocentrista. Associam-se, assim, as novas epistemologias latino-americanas que propõem uma leitura decolonial e introduzem a temática indígena como referencial para construção de novos conhecimentos e novas práticas de relações humanas e com o meio ambiente. É necessário decolonizar a atual conjuntura e isso significa compreender a dimensão colonial ocidental a que os indígenas brasileiros foram submetidos nos últimos 521 anos. Nesse sentido, é imprescindível que seja promovida a união dos povos originários que sempre foram, e serão, ligados pela terra e suas raízes, e não pelo patrimônio do colonialismo e seu molde explorador até hoje vigente guiado pelos interesses eurocentristas remanescentes.

A cada dia convenço-me que aquele que não volve seu olhar para a história é um esquizofrênico social, e que não existe a possibilidade de aplicarmos um véu da ignorância em nossos olhares para que possamos fingir que não fomos colonizados. Não existe borracha histórica. O Decolonizar indígena é o *devir* dos povos originários em que pensamos no futuro pós-colonização e escrevemos uma nova história com a tinta vermelha de garantir direitos.

Posfácio

Em 2020, já em meio a essa lamentável pandemia que nos assola, fui consultado se poderia acompanhar, como supervisor acadêmico, a pesquisa de pós-doutorado do professor Alvaro de Azevedo Gonzaga junto ao Programa de Pós-Graduação em História da Universidade Federal da Grande Dourados. Aceitei com grande satisfação, pois imaginei que seria uma boa oportunidade para dialogar com um colega experiente, mas oriundo de outra área do conhecimento.

Infelizmente, a pandemia se estendeu por muito mais tempo do que nossas ingênuas e otimistas previsões imaginavam. Por conta dessa situação, as vivências e convivências só foram possíveis nos ambientes virtuais. Apesar disso, os resultados das reflexões de Alvaro foram muito positivos. O livro que acabaram de ler é a maior prova disso. Trata-se de uma contribuição fundamental para o debate e para o combate ao racismo direcionado aos povos indígenas no Brasil, um problema seríssimo, mas ainda pouco discutido.

O Brasil conta com mais de 300 povos indígenas, que falam mais de 270 línguas diferentes. Não há dúvidas de que estamos entre as maiores sociodiversidades do planeta. Não obstante, essa riqueza frequentemente é encarada como um problema pelo Estado e pelas elites nacionais. Em 2010, o IBGE computou 817.963 pessoas autodeclaradas indígenas no Brasil. O próximo censo demográfico, que vem sendo boicotado pelo atual governo federal, poderá identificar o crescimento desse número. De todo modo, os indígenas dificilmente serão mais do que 0,5% da população nacional. Por que são proporcionalmente tão poucos em nosso país? Como demonstrou Alvaro, a culpa disso é da sociedade nacional, genocídios, epidemias, violências de toda ordem, expropriações territoriais, fomes e misérias são alguns dos resultados da política colonialista imposta pelo Estado nacional brasileiro aos povos indígenas ao longo desses quase 200 anos de relacionamento. Para os indígenas, assim como para os negros, a colônia não acabou em 1822. Ao se referir à América Latina, o sociólogo peruano Aníbal Quijano já afirmou que as independências possibilitaram o surgimento de Estados independentes, mas com sociedades coloniais. Esse é o caso do Brasil.

Como nos tem ensinado Frantz Fanon, o homem "branco" construiu no imaginário dos homens negros, e no nosso caso nos indígenas, o sonho de serem vistos e aceitos como branco não marginalizado. A sociedade estrutura-se sobre valores racistas que sustentam uma sociedade hierarquizada na qual os indígenas, os negros e mais ainda as mulheres indígenas e negras são tratados como inferiores e, por vezes, até inumanos.

Embora nosso ordenamento jurídico constitucional tenha reconhecido aos povos indígenas alguns direitos importantes como o da diferença, os direitos territoriais e o direito à capacidade jurídica para postular em defesa de seus próprios interesses, na prática, mais de três décadas após a promulgação da Constituição Federal, prevalece o racismo institucional que impede ou dificulta a concretização desses direitos em suas mais diversas acepções.

Em regiões em que os povos indígenas têm grandes populações reivindicando a demarcação de suas terras indígenas, como o Mato Grosso do Sul, o Oeste do Paraná e em vários estados da região Nordeste do país, por exemplo, o racismo é muito forte e afeta a vida cotidiana dos indígenas. Frequentemente são rotulados como preguiçosos, bêbados, baderneiros, improdutivos e violentos. Tais preconceitos frequentemente justificam violências de toda ordem. O pior é que muitas das pessoas que os disseminam não pertencem às elites locais ou nacionais que têm interesses conflitantes com os dos povos indígenas.

Ocorre que tais preconceitos são cotidianamente reproduzidos em meios de comunicação social, redes sociais e até mesmo em escolas. Um passo fundamental no combate a esse racismo certamente está na informação, na reflexão e na educação. Certamente, *Decolonialismo Indígena* é mais uma arma nesse nosso, ainda tímido, mas potente arsenal de boas ideias e ajudará muitos leitores a repensarem seus próprios preconceitos, assim como os colegas professores a fomentarem reflexões com seus estudantes.

Como Alvaro vem do Direito e tem uma brilhante carreira nessa área, posso supor que parte considerável de seus leitores sejam juristas, por isso não posso ceder à tentação de ressaltar à imperiosa necessidade de que os operadores do Direito busquem uma formação interdisciplinar para que conheçam o direito indigenista e o direito tradicional indígena. É hora de pensarmos em pluralismo jurídico no Brasil.

Infelizmente, são comuns histórias de colonialismo jurídico em nosso país. Tal colonialismo observa-se, por exemplo, na equivocadíssima tese do "marco temporal de ocupação", que ressemantiza os art. 231 da Constituição, legitimando a expropriação de centenas de terras indígenas. Está nas decisões de juízes singulares que indeferem ou ignoram laudos antropológicos e promovem o encarceramento em massa de pessoas indígenas ignorando por completo nossa Constituição Federal, a legislação interna e até mesmo a resolução do Conselho Nacional de Justiça que trata da questão. Não há como esquecer dos diversos processos de subtração ou sequestro de crianças indígenas por agentes do Estado. Tais crianças são retiradas de suas famílias e comunidades sob o pretexto da proteção à infância e posteriormente são mantidas em abrigos ou dadas em adoção para famílias não indígenas, onde são impedidas de se socializarem em suas comunidades étnicas.

Tais situações ajudam a perpetuar a bárbara política indigenista nacional, que não posso classificar de outra forma a não ser como colonialista. Urge que os cursos de Direito ampliem suas discussões sobre Antropologia, História Indígena e Pluralismo Jurídico. É preciso que a Constituição, as Convenções, os Tratados Internacionais e nossas leis sejam mais do que letra morta para os povos indígenas. Tenho como certo que parte expressiva dos operadores do Direito sequer se dá conta dessas problemáticas, pois, novamente lembrando de Frantz Fanon, o eurocentrismo racial que gera um etnocentrismo que, ao nosso ver, produz no Direito um racismo naturalizado e institucionalizado pela educação etnocêntrica europeia que pode produzir um etnocídio muito perigoso.

O livro de Alvaro é um convite a todos nós, para que reconheçamos nossas limitações e desenvolvamos ações práticas antirracistas voltadas aos povos indígenas. Hoje não são poucos os intelectuais indígenas tradicionais e presentes na academia, estão aí, mas nem sempre são lidos e nem ouvidos. Deixemos um pouco de lado as perspectivas teóricas eurocêntricas e abramo-nos ao diálogo. Alvaro nos convida a descolonizarmo-nos!

Lamentavelmente, não é fácil sustentar esse tipo de proposta em nossa sociedade contemporânea. Vivemos tempos difíceis nos quais a democracia já não é tão apreciada. Nos últimos anos, o reacionarismo ganhou muito espaço em nossa sociedade. Com ele, o autoritarismo parece ser aceito e até mesmo desejado por parte considerável da nossa sociedade. Infelizmente, esse trabalho já foi atacado antes mesmo de sua publicação. Em abril de 2021, quando apresentava seu trabalho para estudantes, pesquisadores e amigos, Alvaro foi interrompido por meliantes que adentraram ao ambiente da videoconferência com ameaças e algazarras agredindo os participantes e principalmente o pesquisador em sua exposição. Felizmente, buscamos outra possibilidade e a apresentação do trabalho não ficou inviabilizada. O episódio, no entanto, nos marcou como mais um ato antidemocrático com os quais temos convivido nos últimos anos. Objetivam calar vozes progressistas, mas não nos intimidarão. Por certo, trabalhos como o de Alvaro incomodam os reacionários que têm como objetivo principal não só manter, mas fundamentalmente ampliar o abismo que separa as populações pobres e racialmente marcadas das elites que sustentam seus privilégios sob a exclusão da maioria das pessoas negras e indígenas de nosso país.

Thiago Leandro Vieira Cavalcante
Universidade Federal da Grande Dourados

Referências

ADVOCACIA-GERAL DA UNIÃO. **Parecer n° GMF-05**. Processo n° 00400.002203/2016-01. Brasília, 2017.

AGÊNCIA IBGE NOTÍCIAS. **Censo 2010**: população indígena é de 896,9 mil, tem 305 etnias e fala 274 idiomas. Disponível em: <https://agenciadenoticias.ibge .gov.br/agencia-sala--de-imprensa/2013-agencia-de-noticias/releases/14262-a-si-censo-2010-populacao-indigena-e-de-8969-mil-tem-305-etnias-e-fala-274-idiomas>. Acesso em: 31 dez. 2020.

ALBUQUERQUE, Isete Evangelista. O direito das minorias na Constituição da República Federativa do Brasil de 1988 e a situação dos índios enquanto minoria étnica do Estado brasileiro. **Quaestio Iuris**, vol. 06, n° 02. Rio de Janeiro: Universidade do Estado do Rio de Janeiro, 2013.

ALENCAR, José de. **Obra completa**, vol. 02. Rio de Janeiro: ed. José Aguilar Ltda., 1958.

ALMEIDA, Carina Santos de; NÖTZOLD, Ana Lúcia Vulfe. O impacto da colonização e imigração no Brasil meridional: contágios, doenças e ecologia humana dos povos indígenas. **Tempos Acadêmicos**, n° 06. Criciúma: UNESC, 2008.

ALMEIDA, Maria Regina Celestino de. **Os índios na História do Brasil**. Rio de Janeiro: Ed. FGV, 2010.

ALVES, Adriana de Carvalho. Ensino de História e Cultura Indígena: trabalhando com conceitos, desconstruindo estereótipos. **Revista Espaço Acadêmico**, n° 168. Maringá: Universidade Estadual de Maringá, 2015.

AMADO, Luiz Henrique Eloy. Terra indígena e legislação indigenista no Brasil. **Cadernos de Estudos Culturais**, vol. 07, n° 13. Campo Grande: Universidade Federal do Mato Grosso do Sul, 2015.

ARTICULAÇÃO DOS POVOS INDÍGENAS DO BRASIL – APIB. **Dados Covid 19** - Emergência Indígena. Disponível em: <https://tinyurl.com/36vf8b56>. Acesso em: 16 de dezembro de 2021.

AZEVEDO, Marta Maria. Diagnóstico da população indígena no Brasil. **Ciência e Cultura**, vol. 60, nº 04. São Paulo: Sociedade Brasileira para o Progresso da Ciência – SBPC, 2008.

BALLESTRIN, Luciana. América Latina e o giro decolonial. **Revista Brasileira de Ciência Política**, nº 11. Brasília: Universidade de Brasília – UnB, 2013.

BANIWA, Gersem dos Santos Luciano. **O Índio Brasileiro**: o que você precisa saber sobre os povos indígenas no Brasil de hoje. Brasília: Secretaria de Educação Continuada, Alfabetização e Diversidade (Secad), Organização das Nações Unidas para a Educação, a Ciência e a Cultura (Unesco) e Projeto Trilhas de Conhecimentos – LACED/ Museu Nacional, 2006.

BAPTISTA, Livia Márcia Tiba Rádis. (De)Colonialidade da linguagem, lócus enunciativo e constituição identitária em Gloria Anzaldúa: uma "new mestiza". **Polifonia**, vol. 26, nº 44. Cuiabá: Universidade Federal do Mato Grosso - UFMT, 2019.

BELTRÃO, Jane Felipe. "A importância da História Indígena para a efetivação dos direitos dos povos indígenas no Brasil". **I Simpósio de Etno-história e História Indígena**. Dourados: Universidade Federal da Grande Dourados (UFGD), 2020. Disponível em: <https://youtu.be/p-HKBCyzeW8>. Acesso em: 08 out. 2020.

BERNARDINO-COSTA, Joaze; MALDONADO-TORRES, Nelson; GROSFOGUEL, Ramón (orgs.). **Decolonialidade e pensamento afrodiaspórico**. 2. ed. Belo Horizonte: Autêntica, 2020.

BICALHO, Poliene Soares dos Santos. **Protagonismo indígena no Brasil**: movimento, cidadania e direitos (1970- 2009). Tese de Doutorado. Brasília: Instituto de Ciências Humanas, Departamento de História, Universidade de Brasília, 2010.

BLUMER, Herbert. Race prejudice as a sense of group position. **The Pacific Sociological Review**, vol. 01, nº 01. Arcata: Pacific Sociological Society, 1958.

BORGES, Paulo Porto; GOUVEIA, Adriane Antonia Pereira. O movimento pendular na construção do estereótipo indígena como bom e mau selvagem: uma análise dos filmes "Dança com Lobos", "Último dos Moicanos" e "O Guarani". **Revista Científica/FAP**, vol. 22, nº 01. Curitiba: Universidade Estadual do Paraná – UNESPAR, 2020.

BRASIL. **Constituição da República Federativa do Brasil**. Brasília: Senado Federal, 1988.

BRASIL. **Decreto de 24 de março de 1994**. Brasília: Presidência da República, 1994.

BRASIL. **Decreto-lei nº 5.540**. Rio de Janeiro: Presidência da República, 1943.

BRASIL. **Lei nº 6.001/1973**. Brasília: Senado Federal, 1973.

BRITO, Carolina Arouca G. de. **A história da saúde indígena no Brasil e os desafios da pandemia de Covid-19**. Disponível em: <http://coc.fiocruz.br/index.php/pt/todas-as-noticias/1779-a-historia-da-saude-indigena-no-brasil-e-os-desafios-da-pandemia-de-covid-19.html>. Acesso em: 15 de dezembro de 2021.

CAMINHA, Pero Vaz de. **A carta de Pero Vaz de Caminha**: reprodução fac-similar do manuscrito com leitura justalinear, de Antônio Geraldo da Cunha, César Nardelli Cambraia e Heitor Megale. São Paulo: Humanitas, 1999.

CASO DE REPERCUSSÃO GERAL NO STF PODE DEFINIR O FUTURO DOS POVOS INDÍGENAS DO BRASIL. **Mobilização Nacional Indígena**. Disponível em: <https://tinyurl.com/y4nvlqm9>. Acesso em: 28 out. 2020.

CAVALCANTE, Thiago Leandro Vieira. **Colonialismo, território e territorialidade**: a luta pela terra dos Guarani e Kaiowa em Mato Grosso do Sul. Tese de Doutorado em História. Assis: Universidade Estadual Paulista – UNESP, 2013.

CAVALCANTE, Thiago Leandro Vieira. Demarcação de terras indígenas Kaiowá e Guarani em Mato Grosso do Sul: histórico, desafios e perspectivas. **Fronteiras**, vol. 16, nº 28. Dourados: Universidade Federal da Grande Dourados (UFGD), 2014.

CAVALCANTE, Thiago Leandro Vieira. Etno-história e história indígena: questões sobre conceitos, métodos e relevância da pesquisa. **Revista História (São Paulo)**, vol. 30, n º 01. Franca: UNESP, 2011.

CAVALCANTE, Thiago Leandro Vieira. "Terra Indígena": aspectos históricos da construção e aplicação de um conceito jurídico. **Revista História (São Paulo)**, vol. 35, e75. Franca: UNESP, 2016.

CERQUEIRA, Bruno da Silva Antunes de. **A demarcação territorial indígena e o problema do "Marco Temporal"**: o Supremo Tribunal Federal e o indigenato do Min. João Mendes de Almeida Júnior (1856-1923). Monografia de graduação para Faculdade de Ciências Jurídicas e Sociais do Centro Universitário de Brasília. Brasília: UniCEUB, 2016.

CHAMBERLAIN, Muriel Evelyn. **Decolonization**: the fall of the european empires. Oxford: Blackwell Publishers, 1985.

CHAUÍ, Marilena de Souza. **O que é ideologia?**. 14. ed. Brasília: Ed. Brasiliense, 1984.

COLLET, Célia; PALADINO, Mariana; RUSSO, Kelly. **Quebrando preconceitos – subsídios para o ensino das culturas e histórias dos povos indígenas**. Rio de Janeiro: Contra Capa, 2013.

COLOMBO, Cristóvão. **Diários da Descoberta da América**. São Paulo: Ed. LP&M, 1989.

CUNHA, Manuela Carneiro da; BARBOSA, Samuel (orgs.). **Direitos dos povos indígenas em disputa**. São Paulo: Ed. Unesp, 2018.

CUNHA, Manuela Carneiro da (org.). **História dos Índios no Brasil**. São Paulo: Companhia das Letras; Secretaria Municipal de Cultura: FAPESP, 1992.

CUNHA, Manuela Carneiro da. Índios na Constituição. **Novos estudos CEBRAP**, vol. 37, nº 03. São Paulo: Centro Brasileiro de Análise e Planejamento, 2018.

CUNHA, Manuela Carneiro da. Três peças circunstanciadas sobre o direito dos índios. *In*: **Cultura com Aspas e outros ensaios**. São Paulo: Cosac Naify, 2009.

CUNHA, Manuela Carneiro da. O futuro da questão indígena. **Estudos Avançados**, vol. 08, nº 20. São Paulo: Universidade de São Paulo – USP, 1994.

FANON, Frantz. **Pele negra, máscaras brancas**. Salvador: Edtora UFBA, 2008.

ETHNICITY. *In*: **Lexico**. Oxford: Oxford University Press, 2020. Disponível em: <https://www.lexico.com/definition/ethnicity>. Acesso em: 26 out. 2020.

FELLOWS, Martha et al. **Não são números, são vidas!** A ameaça de covid-19 aos povos indígenas da Amazônia Brasileira. COIAB - Organizações Indígenas da Amazônia Brasileira e IPAM - Instituto de Pesquisa Ambiental da Amazônia, 2020. Disponível em: <https://tinyurl.com/2p-8tum2p>. Acesso em: 15 de dezembro de 2021.

FERREIRA, Andrey Cordeiro. Políticas para fronteira, história e identidade: a luta simbólica nos processos de demarcação de terras indígenas Terena. **Revista Mana:** Estudos de Antropologia Social, vol. 15, nº 02. Rio de Janeiro: Universidade Federal do Rio de Janeiro – UFRJ, 2009.

FREIRE, Paulo. **Pedagogia do oprimido.** 47. ed. Petrópolis: Vozes, 2005.

FREIRE, Paulo. **Pedagogia da tolerância [e-book].** 1. ed. São Paulo: Paz e Terra, 2017.

FUNDAÇÃO NACIONAL DO ÍNDIO – FUNAI. (2020a). **Modalidades de terras indígenas.** Brasília: Ministério da Justiça. Disponível em: <https://tinyurl.com/y2x9ge8n>. Acesso em: 20 out. 2020.

FUNDAÇÃO NACIONAL DO ÍNDIO – FUNAI. (2020b). **Quais os critérios utilizados para definição de indígena?** Ministério da Justiça: Brasília. Disponível em: <https://tinyurl.com/y4skn4xp>. Acesso em: 26 out. 2020.

FUNDAÇÃO NACIONAL DO ÍNDIO – FUNAI. **Resolução nº 04.** Brasília: Ministério da Justiça e Segurança Pública, 2021.

GÓIS, Sarah Campelo Cruz. A estabilização das colônias nas Américas: suas grandes diferenças e seu principal aspecto em comum. **Revista Ameríndia,** vol. 02, nº 02, p. 6. Fortaleza: Universidade Federal do Ceará – UFC, 2006.

GOMES, Geisiane Anatólia. **Decolonialismo e crítica à história única**: possibilidades para a historiografia sobre os povos originários do Brasil. Dissertação de Mestrado em História. Mariana: Universidade Federal de Ouro Preto – UFOP, 2018.

GOMES, Mércio Pereira. **Os índios e o Brasil:** passado, presente e futuro. São Paulo: Contexto, 2012.

GUIMARÃES, Elena. Relatório Figueiredo em processo. **II CONINTER - Congresso Internacional Interdisciplinar em Sociais e Humanidades.** Belo Horizonte, de 08 a 11 de outubro de 2013.

GUIRAU, Karine Michell; SILVA Carolina Rocha. Povos indígenas no espaço urbano e políticas públicas. **Encontro Internacional de Participação, Democracia e Políticas Públicas.** Araraquara: UNESP, 2013.

GURGEL, Cristina Brandt Friedrich Martin. Índios, jesuítas e bandeirantes. Medicinas e doenças no Brasil dos séculos XVI e XVII. Tese de doutorado em Clínica Médica. Campinas: Universidade de Campinas, 2009.

HOLANDA, Sérgio Buarque de. **Raízes do Brasil**. São Paulo: Companhia das Letras, 1995.

HONNETH, Axel. **Luta por reconhecimento**: a Gramática moral dos conflitos sociais. Tradução de Luiz Repa. São Paulo: Editora 34, 2003.

ICAZA, Rosalba. Border thinking and vulnerability as a knowing otherwise. **E-International Relations**. Londres: E-IR Publications Ltd, 2017.

INDÍGENA. *In*: **Dicionário Online de Português - DICIO**. Porto: 7Graus, 2020. Disponível em: <https://www.dicio.com.br/indigena/>. Acesso em: 23 out. 2020.

ÍNDIO. *In*: **Dicionário Online de Português - DICIO**. Porto: 7Graus, 2020. Disponível em: <https://www.dicio.com.br/indio/>. Acesso em: 23 out. 2020.

INSTITUTO BRASILEIRO DE GEOGRAFIA E ESTATÍSTICA – IBGE. **Os indígenas no Censo Demográfico 2010 – Primeiras considerações com base no quesito cor ou raça**. Disponível em: <https://indigenas.ibge.gov.br/images/indigenas/estudos/indigena_censo2010.pdf>. Acesso em: 19 out. 2020.

IOIÔ, Adonias Guiome. Relatório Figueiredo como prova de genocídio, massacres e monstruosidades perpetradas contra os povos indígenas no Brasil. **Espaço Ameríndio**, vol. 12, nº 2. Porto Alegre: 2018.

JESUS, Juarez Ferreira de. A compreensão da Lei Natural na controvérsia pública entre Juan Ginés de Sepúlveda e frei Bartolomé de Las Casas (1550-1551) sobre a idolatria indígena na América Latina. **Revista Caminhando**, vol. 19, nº 01. São Bernardo do Campo: Universidade Metodista de São Paulo, 2014.

JUNIOR, Dailor Sartori. Direitos territoriais indígenas e colonialidade: o julgamento da Repercussão Geral do caso Terra Indígena Ibirama La Klãnõ. **IV Seminário Internacional Pós-Colonialismo, Pensamento Descolonial e Direitos Humanos na América Latina**. Recife: Universidade Católica de Pernambuco, 2019.

JUNIOR, Julio José Araujo. **Direitos territoriais indígenas – Uma interpretação intercultural**. Rio de Janeiro: Ed. Processo, 2018.

JUNIOR, Tercio Sampaio Ferraz. A demarcação de terras indígenas e seu fundamento constitucional. **Revista**

Brasileira de Direito Constitucional, nº 03. São Paulo: Escola Superior de Direito Constitucional, 2004.

KRENAK, Ailton. **Ideias para adiar o fim do mundo**. São Paulo: Companhia das Letras, 2019.

KRENAK, Ailton. **A vida não é últil**. 1. ed. São Paulo: Companhia das Letras, 2020.

LEDA, Manuela Corrêa. **Teorias pós-coloniais e decoloniais**: para repensar a sociologia da modernidade. Monografia de graduação em Sociologia. Brasília: Universidade de Brasília – UNB, 2014.

LIMA, Antonio Carlos Souza. **Um Grande Cerco de Paz. Poder tutelar, indianidade e formação do Estado no Brasil**. Petrópolis: Vozes, 1995, 335 págs. + Caderno Iconográfico.

LIMA, Marcus Eugênio Oliveira; FARO, André; SANTOS, Mayara Rodrigues dos. A desumanização presente nos estereótipos de índios e ciganos. **Psicologia:** Teoria e Pesquisa, vol. 32, nº 01. Brasília: Universidade de Brasília – UNB, 2016.

LINO, Tayane Rogeria. O lócus enunciativo do sujeito subalterno: fala e emudecimento. **Anuário de Literatura,** vol. 20, nº 01. Florianópolis: Universidade Federal de Santa Catarina – UFSC, 2015.

LOPES, Danielle Bastos. O direito dos índios no Brasil: a trajetória dos grupos indígenas nas constituições do país. **Espaço Ameríndio**, vol. 08, nº 01. Porto Alegre: Universidade Federal do Rio Grande do Sul, 2014.

LUCIANO, Gersem dos Santos. **O índio brasileiro**: o que você precisa saber sobre os povos indígenas no Brasil de hoje. Brasília: MEC/SECAD; LACED/Museu Nacional, 2006.

MARÉS, Carlos. As novas questões jurídicas nas relações dos Estados nacionais com os índios. **Seminário Bases para uma nova política indigenista**, realizado de 28 a 30 de junho de 1998 no Rio de Janeiro, como promoção do Projeto Política Indigenista e Políticas Indígenas no Brasil (Museu Nacional/Fundação Ford).

MARMELO, Maria Miguel Silva. **"América Invertida" (1943) de Joaquín Torres Garcia**: uma análise e reflexão. Aula do curso de Ciências da Comunicação: Jornalismo, Assessoria, Multimédia. Porto: Faculdade de Letras da Universidade do Porto – FLUP, 2014.

MARX, Karl; ENGELS, Friedrich. **Manifesto Comunista**. São Paulo: Boitempo, 2010.

MENDES, Lia. **A criação do mito do herói indígena em "O Guarani", de José de Alencar**. Dissertação de Mestrado em Literatura Brasileira. Florianópolis: Universidade Federal de Santa Catarina – UFSC, 2004.

MIGNOLO, Walter D. La razón postcolonial: herencias coloniales y teorias postcoloniales. **Revista Chilena de Literatura**, nº 47. Santiago: Universidad de Chile, 1995.

MIGNOLO, Walter D. A colonialidade de cabo a rabo: o hemisfério ocidental no horizonte conceitual da modernidade. *In*: **A colonialidade do saber**: eurocentrismo e ciências sociais. Perspectivas latino-americanas. Buenos Aires: CLACSO, Consejo Latinoamericano de Ciencias Sociales, 2005.

MIGNOLO, Walter D. Colonialidade – O lado mais escuro da modernidade. **Revista Brasileira de Ciências Sociais**, vol. 32, nº 94, p. 2. São Paulo: Associação Nacional de Pós-Graduação e Pesquisa em Ciências Sociais – ANPOCS, 2017.

MIRANDA, Claudia; RIASCOS, Fanny Milena Quiñones. Pedagogias decoloniais e interculturalidade: desafios para uma agenda educacional antirracista. **Educação em Foco**, vol. 21, nº 03, p. 558. Juiz de Fora: Universidade Federal de Juiz de Fora – UFJF, 2016.

MOTA, Juliana Grasiéli Bueno; CAVALCANTE, Thiago Leandro Vieira (Orgs.). **Reserva Indígena de Dourados – Histórias e Desafios Contemporâneos**. São Leopoldo: ed. Karywa, 2019.

MOTA, Lúcio Tadeu. O Instituto Histórico e Geográfico Brasileiro e as propostas de integração das comunidades indígenas no estado nacional. **Diálogos**, vol. 2, nº 2. Maringá: Universidade Estadual de Maringá – UEM, 1998.

MUNDURUKU, Daniel. Índio ou indígena? 2018. (06m04s) Disponível em: <https://youtu.be/4Qcw8HKFQ5E>. Acesso em: 22 out. 2020.

MUNDURUKU, Daniel. **O caráter educativo do movimento indígena brasileiro (1970-1990)**. São Paulo: Paulinas, 2012.

NETO, João Colares da Mota. Paulo Freire e Orlando Fals Borda na genealogia da pedagogia decolonial latino-americana. **Folios – Revista de La Facultad de Humanidades**, nº 48. Bogotá: Universidad Pedagógica Nacional, 2018.

NOELLI, Francisco Silva; SOARES, André Luis R. Para uma história das epidemias entre os Guarani. **Diálogos**. Maringá: Universidade Estadual de Maringá – UEM, 1997.

OLIVEIRA, Assis da Costa; BELTRÃO, Jane Felipe; OLIVEIRA, Leon da Costa. Outras faces do ser indígena: entre pertencimentos e exclusões. **Espaço Ameríndio**, vol. 03, nº 02. Porto Alegre: Universidade Federal do Rio Grande do Sul – UFRGS, 2009.

OLIVEIRA, João Pacheco de. Uma etnologia dos "índios misturados"?. Situação colonial, territorialização e fluxos culturais. **Mana**, vol. 04, nº 01. Rio de Janeiro: Universidade Federal do Rio de Janeiro – UFRJ, 1998.

ORÇO, Claudio Luiz; FLEURI, Reinaldo Matias. O processo educativo: cultura e identidade indígenas. **REP - Revista Espaço Pedagógico**, vol. 17, nº 2. Passo Fundo: Universidade de Passo Fundo – UPF, 2010.

ORGANIZAÇÃO DAS NAÇÕES UNIDAS – ONU. **Declaração das Nações Unidas sobre os Direitos dos Povos Indígenas**. Rio de Janeiro: UNIC Rio, 2008.

ORGANIZAÇÃO INTERNACIONAL DO TRABALHO – OIT. **Convenção nº 107**. Genebra: Conferência Geral, 1957.

ORGANIZAÇÃO INTERNACIONAL DO TRABALHO – OIT. **Convenção nº 169**. Genebra: Conferência Geral, 1989.

OSOWSKI, Raquel. O Marco Temporal para demarcação de Terras Indígenas, memória e esquecimento. **Mediações – Revista de Ciências Sociais**. Vol. 22, nº 02. Londrina: Universidade Estadual de Londrina, 2017.

PARAÍSO, Maria Hilda B. Construindo o Estado da exclusão: os índios brasileiros e a Constituição de 1824. **Revista CLIO – Revista de Pesquisa Histórica, vol. 23, nº 02**. Recife: Universidade Federal de Pernambuco, 2010.

PENNA, Camila. Paulo Freire no pensamento decolonial: um olhar pedagógico sobre a teoria pós-colonial latino-americana. **Revista de Estudos & Pesquisas sobre as Américas**, vol. 08, nº 02. Brasília: Universidade de Brasília – UNB, 2014.

PEREIRA, Flávio Leão Bastos. **Genocídio Indígena no Brasil.** 1. ed. Curitiba: Juruá Editora. 2018.

PEREIRA, Levi Marques. Mobilidade e processos de territorialização entre os Kaiowá atuais. **Revista Eletrônica História em Reflexão**, vol. 01, nº 01. Dourados: Universidade Federal da Grande Dourados – UFGD, 2007.

QUEIROZ, Maria Isaura Pereira de. Educação como uma forma de colonialismo. **Cadernos Ceru**, vol. 25, nº 1. São Paulo: Universidade de São Paulo – USP, 2014.

QUIJANO, Aníbal. Colonialidad del poder y clasificación social. *In*: **El giro decolonial. Reflexiones para una diversidad epistémica más allá del capitalismo global**, p. 93. Bogotá: Universidad Javeriana-Instituto Pensar, Universidad Central-IESCO, Siglo del Hombre Editores, 2007.

QUIJANO, Aníbal. La colonialidad del poder, eurocentrismo y América Latina. *In*: LANDER, Edgardo (org.). **La colonialidad del saber:** eurocentrismo y ciencias sociales. Perspectivas latinoamericanas. Buenos Aires: CLACSO, 2000.

QUINTERO, Pablo; FIGUEIRA, Patrícia; ELIZALDE, Paz Concha. **Uma breve história dos estudos decoloniais. Arte e Descolonização, v. 3**. São Paulo: MASP e Afterall, 2019.

REIS, Graça Regina Franco da Silva; CAMPOS, Marina Santos Nunes de. Conversas de professoras, currículos pensados praticados e Justiça cognitiva: por uma poliprática de formação docente emancipatória. **37ª Reunião Nacional da ANPEd**. Florianópolis: Universidade Federal de Santa Catarina – UFSC, 2015.

RELATÓRIO CIMI – Violência Contra os Povos Indígenas no Brasil – Dados de 2021.

RIBEIRO, Darcy. **O povo brasileiro. A formação e o sentido do Brasil.** São Paulo: Companhia das Letras, 1996.

RIBEIRO, Darcy. **Os índios e a civilização.** 7. ed. São Paulo: ed. Global, 2017.

ROSA, Juliana Cristina da; DELGADO, Paulo Sergio. A controvérsia jurídica sobre a tese do marco temporal e o conceito de renitente esbulho sob o olhar empírico: os Xavante e a TI Marãiwatsédé. **ACENO – Revista de Antropologia do Centro-Oeste**, vol. 04, nº 08. Cuiabá: Universidade Federal do Mato Grosso, 2017.

ROSSI, Amanda. Dia do Índio é data 'folclórica e preconceituosa', diz escritor indígena Daniel Munduruku. **BBC News Brasil**, São Paulo, 19/04/2019. Disponível em: <https://www.bbc.com/portuguese/brasil-47971962>. Acesso em: 24 out. 2020.

SAHLINS, Marshall. **Ilhas de História.** Rio de Janeiro: Jorge Sahar Editor Ltda., 1990.

SANTOS, Ricardo V.; JUNIOR, Carlos E. A. Coimbra (orgs.) **Saúde e povos indígenas.** Rio de Janeiro: ed. Fiocruz, 1994.

SAUERBRONN, Fernanda Filgueiras; AYRES, Rosângela Mesquita; LOURENÇO, Rosenery Loureiro. Perspectivas pós-coloniais e decoloniais: uma proposta de agenda de pesquisa em contabilidade no Brasil. **Custos e @gronegócio on line**, vol. 13, nº 3. 2017.

SCHWARCZ, Lilia Moritz. **As barbas do Imperador**: D. Pedro II, um monarca nos trópicos. São Paulo: Companhia das Letras, 1998.

SCHWARCZ, Lilia Moritz; GOMES, Flávio (orgs.). **Dicionário da Escravidão e Liberdade.** São Paulo: Companhia das Letras, 2018.

SILVA, Keyde Taida da; BICALHO, Poliene Soares dos Santos. Uma abordagem decolonial da história e da cultura indígena: entre silenciamentos e protagonismos. **Crítica cultural – Critic**, vol. 13, nº 02, p. 248. Palhoça: Unisul – Universidade do Sul de Santa Catarina, 2018.

SILVA, Maria de Nazaré Corrêa da. Educação indígena não cartilhada: uma experiência de letrar na Amazônia. **VI Semana Internacional de Pedagogia** (Encontro de Pesquisa em Educação de Alagoas). Maceió. ISSN 1981-3031 (Dez. 2018), p. 1-12.

SPIVAK, Gayatri Chakravorty. **Pode o subalterno Falar?** Belo Horizonte: Editora UFMG. 2010.

SPOSITO, Fernanda. **Nem cidadãos, nem brasileiros**: indígenas na formação do Estado nacional brasileiro e conflitos na província de São Paulo (1822 – 1845). Dissertação de mestrado em História. São Paulo: Universidade de São Paulo – USP, 2006.

TESHAINER, Marcus Cesar Ricci. **Política e desumanização**: aproximações entre Agamben e a psicanálise. São Paulo: EDUC-PUCSP, 2013.

VERGÈS, Françoise. **Um feminismo decolonial**. São Paulo: Ubu editora, 2019.

WAGNER, Daize Fernanda; FARIAS, Aline Suzana Figueira de. A demarcação de terras indígenas e a segurança jurídica. **Veredas do Direito – Direito Ambiental e Desenvolvimento Sustentável**, vol. 17, nº 38. Belo Horizonte: Dom Helder Escola de Direito, 2020.